Margrit Stamm
Von unten nach oben

Margrit Stamm

Von unten nach oben

Arbeiterkinder und ihre Bildungsaufstiege
an das Gymnasium

Die Autorin

Margit Stamm, Professorin em. für Pädagogische Psychologie und Erziehungswissenschaften an der Universität Fribourg-CH, ist Leiterin des von ihr gegründeten Forschungsinstituts Swiss Education mit Sitz in Aarau, das in der nationalen und internationalen Bildungsforschung in verschiedenen Ländern tätig ist. Daneben ist Margit Stamm Gastprofessorin an diversen Universitäten im In- und Ausland sowie in verschiedenen wissenschaftlichen Beiräten von nationalen und internationalen Organisationen und sie ist Trägerin des internationalen Doron-Preises sowie des Bildungspreises der Pädagogischen Hochschule Zürich.

In diesem Band wurde die Rechtschreibung in Schweizerdeutsch beibehalten.

Dieses Buch ist erhältlich als:
ISBN 978-3-7799-7574-8 Print
ISBN 978-3-7799-7575-5 E-Book (PDF)
ISBN 978-3-7799-8796-3 E-Book (ePub)

1. Auflage 2025

© 2025 Beltz Juventa
in der Verlagsgruppe Beltz · Weinheim Basel
Werderstraße 10, 69469 Weinheim
service@beltz.de
Alle Rechte vorbehalten

Herstellung: Ulrike Poppel
Satz: xerif, le-tex
Druck und Bindung: Beltz Grafische Betriebe, Bad Langensalza
Beltz Grafische Betriebe ist ein Unternehmen mit finanziellem Klimabeitrag
(ID 15985-2104-1001)
Printed in Germany

Weitere Informationen zu unseren Autor:innen und Titeln finden Sie unter: www.beltz.de

Inhalt

Abbildungsverzeichnis

Tabellenverzeichnis

Vorwort

Ich bin ein Kind aus einfachen Verhältnissen. Mein Vater war Sattler und Tapezierer, meine Mutter besuchte nur sieben Jahre die Schule und arbeitete dann lange als Serviererin und Akkordarbeiterin. Gemäß Pisa-Definition war ich ein sogenannt bildungsfernes Kind, weil ich nicht im richtigen »Stall« geboren wurde, meine Eltern bescheiden ausgebildet waren und uns Kindern nicht viel Bildungskapital – verstanden als kulturelle, musische und intellektuelle Förderung – zur Verfügung stellen konnten.

Damit habe ich lange gehadert. Vor allem darum, weil ich mich selbst als wissensdurstig wahrnahm. Schon als kleines Mädchen interessierte ich mich für Zahlen und alles, was mit Wissen zusammenhängt. Mein Vater brachte mir das Kartenspiel bei und damit auch das Kopfrechnen. Noch heute ist es mir möglich, an einer Supermarkt-Kasse fast ebenso schnell den ungefähren Betrag der Lebensmittelpreise zusammenzurechnen wie die Kassierin die Artikel einscannen kann. Doch in der Schule galt ich als Kind eines Arbeiters, in der Schweiz nennt man solche Menschen »Büezer«. Heute bin ich überzeugt, dass meine enorme Prüfungsangst, die mir manche schlechte Noten bescherte, auch mit dieser Etikettierung zu tun hatte.

Man braucht keine Hellseherin zu sein, um sich vorzustellen, wie es mit mir weiterging. In den Augen mancher Lehrkräfte blieb ich eine bildungsferne Schülerin mit wenig Potenzial, jahrelang. Von einem Kind aus einem solchen Milieu erwartet man in der Regel nicht besonders viel. Allerdings hatte ich dann enormes Glück – mindestens dreimal. Nummer eins war, dass ich die Aufnahmeprüfung ins Progymnasium im zweiten Anlauf mit Ach und Krach bestand. An diese Institution wollte ich unbedingt, weil mein großes Ziel war, Lehrerin zu werden. Glück Nummer zwei war ein Deutschlehrer, der fasziniert vom Beruf meines Vaters war, weil er davon noch nie gehört hatte. Offenbar war er überzeugt, dass ich mehr an mich glauben sollte, denn manchmal sagte er mir das auch. Weil mir seine Aussage schmeichelte und Mut machte, wurde ich selbstbewusster und gehörte bald zu meinem Erstaunen zum vorderen Drittel der Klasse. Zum ersten Mal in meinem Leben sah ich mich als eine Person, die das Zeug zur guten Schülerin hatte, und das blieb ich von da an. Glück Nummer drei kam fast dreißig Jahre später in der Person eines Hochschullehrers auf mich zu, der mich nach erziehungswissenschaftlichem Universitätsstudium und Promotion ermunterte, als bald Fünfzigjährige zu habilitieren. Diese schicksalshafte Begegnung hat mich schließlich zur Berufung auf einen Lehrstuhl in Erziehungswissenschaften und Pädagogischer Psychologie an die Universität Fribourg (CH) geführt.

Heute bin ich überzeugt, dass Glück, Zufall und Hartnäckigkeit wichtige Größen des Berufs- und Lebenserfolgs aus der Sicht von Arbeiterkindern sind. Doch es gibt auch eine Kehrseite der Medaille namens Aufstiegsangst. Sie hat mich bis zu meiner Professur begleitet und auch heute noch meldet sie sich mit einiger Regelmäßigkeit. Stellt sich Erfolg ein, zweifle ich manchmal daran, ihn verdient zu haben. Dann denke ich jeweils, dass ich mehr scheine als ich bin.

Schon früh lernte ich, wie wichtig die Herkunftsmentalität ist. Als junge Erwachsene habe ich meinen zukünftigen Partner und seine gutsituierte Familie kennengelernt. Diese Familie brachte mir unbewusst und beiläufig bei, was Bildung und Habitus bedeuten. Beim Sprechen, den Gesten, den Gesprächen über Bücher, Theater und Reisen oder über das politische Tagesgeschehen, wie die Familie aß, trank und welche Speisen sie wie verzehrte – dies machte mir deutlich, dass die Etikettierung »bildungsfern« viel mehr beinhaltet als lediglich einfach gestellte Eltern zu haben. Doch erst Jahre später, während meinem Studium, konnte ich nach und nach benennen, welche Faktoren beim Bildungsaufstieg eine Rolle spielen: das ökonomische Kapital, das umgangssprachlich Eigentum und Besitz meint. Genauso wichtig sind Wissen und Bücher (das kulturelle Kapital) sowie Netzwerke der Familie (das soziale Kapital) sowie das familiäre Prestige (das symbolische Kapital). Die Bedeutung solcher Kapitalien bewegt mich auch heute noch. Mein angeheirateter Name »Stamm« hatte und hat in unserer Stadt, in der wir wohnen, eine solide Bedeutung, trotzdem blieb ich über Jahre das Anhängsel des Sohnes aus einer angesehenen Familie, der inzwischen ein stadtbekannter Arzt mit eigener Praxis geworden war. Meine Situation änderte sich erst ein wenig mit meiner Promotion als Zweiundvierzigjährige.

Welche Umstände haben mich überhaupt dazu bewogen, als Lehrerin, Mutter und Hausfrau mit einer akademischen Laufbahn zu liebäugeln? Auch heute noch kann ich das nicht wirklich erklären. Sicher war es nicht lediglich ein Akt unbändigen Willens oder rationaler Überlegungen. Eher dürfte es der Umstand gewesen sein, dass mein Herkunftshabitus in dem Moment gestört wurde, als ich meine Ursprungsfamilie verließ und in die neue Welt meines Partners eintauchte. Zwar wurde mir klar, dass auch das Milieu der Gutsituierten nicht so schnell das meine werden würde. Deshalb pendelte ich zwischen Anpassung und Ablehnung, sodass mich meine Herkunftsgeschichte immer wieder heimzog. Doch auch später an der Universität fühlte ich mich vom intellektuellen Milieu zwar sehr angesprochen, allerdings wurde ich – auch als Professorin – nie ganz heimisch. Der Abstand zu denen, die für eine akademische Laufbahn vorgesehen waren und mir als Aufsteigerin war relativ groß. Vielleicht waren es auch meine daraus resultierenden Minderwertigkeitsgefühle. Möglicherweise motivierten sie mich aber dazu, in meiner zweiten Lebenshälfte eine besondere Perspektive auf unsere Gesellschaft zu entwickeln.

Es waren vor allem Themen wie soziale Benachteiligung, Migration und Begabung, die mich in meiner akademischen Berufslaufbahn begleitet und zur

Durchführung verschiedener Forschungsprojekte geführt haben. In diesem Zusammenhang habe ich vor ein paar Jahren begonnen, mich nicht lediglich mit begabten Kindern und Jugendlichen aus Migrantenfamilien zu beschäftigen, sondern auch mit solchen aus einheimischen Arbeiterfamilien. Mit der Veröffentlichung solcher Texte begannen sich die Medienanfragen und Rückmeldungen zu erfolgreichen Menschen aus dem Arbeitermilieu zu stapeln. Ich spürte, dass dieses Thema in der Gesellschaft unter den Nägeln brennt.

Doch der eigentliche Auslöser war das Buch von Didier Eribon »Rückkehr nach Reims« (2016). Darin beschreibt er seine Lebensgeschichte als Arbeiterkind und als einziger von vier Brüdern, der das Gymnasium besuchte. Er gewährt Einblicke in die Erfahrungswelt von sozialen Aufsteigerinnen und Aufsteigern, die den Einrichtungen des Bildungswesens meist ambivalent gegenüberstehen. Es sind somit gerade Eribons persönlich gehaltene Erinnerungen an die Familie, den Freundeskreis und die Schule, die bildungstheoretisch von besonderem Interesse sind. Eines seiner Beispiele hat mich stark an meine Jugend erinnert. Als der kleine Didier seiner Mutter stolz ein Weihnachtsgedicht auf Englisch vortrug, bekam sie einen Wutanfall, weil sie dachte, er wolle sich über die Familie erheben. Dies war für ihn wahrscheinlich ein Schlüsselerlebnis, das auf eine andere Art und Weise manche Arbeiterkinder erfahren. Auch ich wollte meinen Eltern einmal mit Stolz präsentieren, was ich in der Schule alles über den Sechstagekrieg von 1967 zwischen Israel und den arabischen Staaten gelernt hatte, aber sie reagierten mit Ablehnung, Spott und Häme. »Du musst nicht meinen, du seiest gescheiter als wir« war die Reaktion meiner Mutter. Solche Aussagen bekam ich immer wieder zu hören.

In Zusammenhang mit Eribons Buch habe ich beschlossen, das Persönliche wissenschaftlich werden zu lassen. Im Herbst 2020 starteten wir das Forschungsprojekt »Arbeiterkinder am Gymnasium«, das 2023 abgeschlossen wurde. Jetzt liegt das Buch vor. Es thematisiert die Erfolgsfaktoren, die aus der Rückschau der Studienteilnehmenden zentral waren, um die Hürde Gymnasium überwinden zu können. Als Arbeiterkinder bezeichnen wir junge Menschen, deren Eltern Angestellte in ausführender Tätigkeit, Beamte des einfachen Dienstes oder dauerhaft Erwerbslose sind.

Die Entstehung eines Fachbuches ist immer ein Abenteuer mit Unwägbarkeiten. Ich bin stolz, dass es gelungen ist, das Projekt im geplanten Zeitrahmen abzuschließen. Zunächst danke ich den Pädagogischen Hochschulen und Universitäten sowie akademischen Vereinen und Institutionen, die uns den Zugang zu Teilnehmenden ermöglicht haben. Meinen herzlichen Dank möchte ich auch denjenigen Kolleginnen und Kollegen sowie Mitarbeitenden aussprechen, die an der langjährigen Entwicklung meiner Gedanken kritisch beteiligt gewesen sind. Sie haben einen wesentlichen Anteil daran, dass dieses Buch überhaupt entstehen und ich meinen Blick auf die Frage der Bildungsaufstiege ans Gymnasium schärfen konnte. Vieles aus solchen Diskursen ist ins Buch eingeflossen. Mein Dank gilt auch meiner Lektorin, Julia Zubcic. Sie hat professionelle Arbeit geleistet und mir durch ihre vielen guten Fragen Genauigkeit abverlangt.

Das Herzstück sind die Teilnehmerinnen und Teilnehmer unserer beiden Forschungsstudien. Sie haben uns erlaubt, in ihr Leben und ihre Bildungsaufstiege hineinzusehen und ermöglichten uns, an ihren Gedanken und Gefühlen teilzunehmen. Ihnen bin ich sehr verbunden. Deshalb sei ihnen dieses Buch gewidmet.

Aarau, im Sommer 2024
Margrit Stamm

Einleitung

Es muss nicht jeder und jede ans Gymnasium, manche wären in einer Berufslehre besser aufgehoben. Die Berufsbildung braucht dringend leistungsstarke Jugendliche. Diese Argumentation ist richtig, doch sie gilt vor allem für solche mit praxisorientierten Begabungen, die sich weniger für akademische Inhalte begeistern können oder Matura respektive Abitur nur mit Schwierigkeiten hinkriegen. Umgekehrtes trifft für eine nahezu vergessene Gruppe zu: intellektuell begabte und akademisch interessierte Kinder aus Arbeiter- und einfach gestellten Migrantenfamilien schaffen nach wie vor selten das Gymnasium. Minoritäten hätten zwar das Potenzial für den Übertritt, bekommen aber keine angemessene Gelegenheit dazu. Empirische Daten machen dies mehr als deutlich. Haben die Eltern studiert, tun dies zwischen 70 und 88 Prozent der Kinder auch, aus Arbeiterfamilien schafft es hingegen nur knapp jedes vierte Kind. Und für gerade mal vier Prozent trifft dies zu, wenn der Vater keinen Bildungsabschluss hat (Bachsleitner et al., 2022; Kracke et al., 2018).

Dies ist der Hauptgrund, weshalb sich der Zustrom zur Akademia vor allem vom Nachwuchs gut situierter Familien nährt. Gymnasium und Universität sind weitgehend das Privileg der Schichten geblieben, die schon akademisch gebildet sind. Deshalb geht unserer Gesellschaft jedes Jahr ein beachtliches Reservoir an intellektuellem Potenzial begabter Minoritäten verloren. Nicht der Grips spielt die Hauptrolle, wer es ans Gymnasium schafft und wer eine Berufslehre absolviert. Es ist vor allem die soziale Herkunft. Selbstverständlich gibt es verschiedene Möglichkeiten, um zusätzliche allgemeinbildende Abschlüsse zu erwerben, wenn der Übertritt ans Gymnasium nicht gelingt. Die Durchlässigkeit unserer Bildungssysteme ermöglicht – wer sie denn überhaupt nutzt – auch spätere Bildungsaufstiege. In diesem Buch geht es jedoch allein um die Dynamiken sozialer Ungleichheiten beim Übertritt ans Gymnasium.

Tatsache ist, dass Kinder aus gut situierten und bildungsambitionierten Familien viel private Unterstützung bei der Leistungsoptimierung bekommen und zwar ab dem Schuleintritt. Damit einher gehen Beschwerdeverfahren ihrer Eltern gegenüber der Schule, sobald der Übertritt ans Gymnasium gefährdet ist. Dahinter steckt ein Gerechtigkeitsproblem. Das meritokratische Versprechen, wonach die individuelle Leistung den Status und den Erfolg einer Person bestimmt, ist bis heute ein Ideal geblieben. Die Distanz zur Realität ist beträchtlich.

Doch, was sind das für Kinder aus einfach gestellten Familien, die allen Widrigkeiten zum Trotz die Barrieren überwinden, das Gymnasium besuchen und einen akademischen Weg einschlagen? Das Beispiel einer Ausnahmeerscheinung ist Peter (FS[1] 11), ein 13-jähriger Gymnasiast, von dem alle sagen, er sei ein helles Bürschchen. Die Mutter arbeitet als Küchenhilfe in einem Altenheim, der Vater als ungelernter Mitarbeiter bei der Post. Peter gehört zu den sogenannten Arbeiterkindern. Das Geld der fünfköpfigen Familie reicht knapp zum Leben, keiner der Verwandten hat Abitur. Bücher als Bildungskapital, Theater- oder Bibliotheksbesuche? Fehlanzeige. Aufstieg nach oben? Fast unmöglich, denn Vater und Mutter sind strikt gegen das Gymnasium. Und auch die Grundschullehrerin rät Peter eher ab, weil ihm »die Eltern ja eh nicht helfen können«. Doch Peter schafft den Übertritt. Die stärkste Unterstützung bekommt er vom Leiter der Jungscharabteilung, die er seit vier Jahren besucht. Dieser Leiter wird zu seinem Coach und sozusagen zu einem Identifikationsmodell. Er stammt ebenfalls aus einer Arbeiterfamilie und besuchte das Gymnasium. Nach dem Abitur absolvierte er ein sozialwissenschaftliches Studium an der Universität. Zwar ist Peter am Gymnasium ein Sonderfall, denn die meisten Mitschülerinnen und Mitschüler stammen aus bildungsnahen Familien. Aber auch in dieser Hinsicht kann er von seinem Coach profitieren und lernen, in den beiden Welten von Familie und Gymnasium zu leben. Und er lernt auch, mit den unterschiedlichen Werten umzugehen und klarzukommen.

Schieflagen des Bildungssystems

Jedes Kind sollte unabhängig von seiner sozialen Herkunft die gleichen schulischen Startchancen haben. Gemeint sind damit die gleichen Lernvoraussetzungen bei der Einschulung wie bei den nachfolgenden Übergängen im Bildungssystem. Doch diese Bedingungen sind in allen deutschsprachigen Staaten nicht erfüllt (Baumert, 2011; Blossfeld et al., 2017; Dlabac et al., 2021). »Die Ungleichheit fällt nicht vom Himmel«, schreibt Wolfgang Böttcher (2020, S. 42). Die Schule sei quasi programmatisch, auf die Ausklammerung der sozialen Herkunft der Kinder verpflichtet:

> »Wenn alle gleich zu behandeln sind, verlieren die Effekte, die aus dem Einfluss der Herkunftsfamilien zu erklären sind, an Bedeutung. Selbst wenn Lehrerinnen und Lehrer während des Studiums von herkunftsbedingter Sozialisation gehört haben, dürften gute oder besondere Leistungen ihnen als ›Begabung‹ oder ›Talent‹ der Kinder erscheinen. Können und Wissen erscheinen als natürliche Eigenschaften, nicht als Ergebnisse von anregenden Lebensumständen, wie Defizite als Mängel an natürlicher Ausstattung und nicht als Mangel der sozialen Umstände erscheinen.«

---

1   FS = Fallstudie

Tatsache ist, dass sich Kinder schon vor dem Eintritt in den Bildungsraum nach sozialer Herkunft unterscheiden. Solche aus bildungsaffinen Elternhäusern werden besonders gezielt und umfassend gefördert, weshalb sie einen Habitus entwickeln können, der den schulischen und gesellschaftlichen Standards entspricht. Der Habitus beschreibt das, was notwendig ist und – wenn auch unausgesprochen und manchmal unbeabsichtigt – gefordert wird, um bildungserfolgreich zu werden. Darum starten solche Heranwachsende ihre Bildungslaufbahn mit deutlich besseren Lernvoraussetzungen als Arbeiterkinder (zusammenfassend Stamm, 2016a; 2019). Wer Vorteile mit ins Bildungssystem bringt, hat auch im nächsten Bildungsabschnitt Vorteile. Darum vergrößern sich soziale Unterschiede von Bildungschancen ab Beginn des Schuleintritts von Stufe zu Stufe (Becker & Schoch, 2018).

Wenige Parameter genügen, damit Arbeiterkinder beim Übertritt ans Gymnasium schlechtere Karten haben. Neben der vorausgesetzten Elternunterstützung bei den Hausaufgaben sind es vor allem die familiären Förderressourcen sowie die externe Lernunterstützung. Dazu kommen das selbstbewusste Auftreten höher gebildeter Eltern und ihre Beschwerdeaffinität. Eine Freiburger Studie von Franz Baeriswyl und seinem Team weist zudem nach, dass Akademikereltern ihre Kinder eher überschätzen, währenddem für Arbeitereltern das Gegenteil zutrifft (Maaz et al., 2011). Sie attestieren ihren Kindern bei vergleichbaren Fähigkeiten geringere Begabungen und empfinden die schlechtere Beurteilung der Lehrpersonen nicht als ungerecht. Solche Störfaktoren schwächen die Qualität jedes Übertrittsverfahrens. In Kantonen respektive Bundesländern mit einem großen Mitspracherecht der Eltern ist die soziale Selektivität beim Übertritt größer als dort, wo die Schule den Entscheid allein fällt oder er auf einer Aufnahmeprüfung basiert.

Der Übertritt ans Gymnasium gilt als die Selektionsschwelle auf dem Weg von unten nach oben. Es ist deshalb mehr als einseitig, das Augenmerk erst ab dem Abitur oder dem Studium auf Bildungsaufstiege zu richten. Die Hürden setzten beim Schuleintritt ein und werden beim Übertritt ans Gymnasium noch höher.

Arbeiterkinder auf den Radar!

Geht es um Bildungsbenachteiligung, werden einheimische Arbeiterkinder vernachlässigt. Im Gegensatz zu jungen Migrantinnen und Migranten, die heute das Zentrum des Themas Bildungsaufstieg bilden, sind Arbeiterkinder in den letzten Jahren – mit einigen Ausnahmen wie das Projekt »arbeiterkind.de«– vom Radar verschwunden. Um nicht falsch verstanden zu werden: Der Fokus auf begabte, benachteiligte junge Menschen aus Migrationsfamilien ist mehr als berechtigt, weil er uns viele neue Erkenntnisse ermöglicht und wichtige Praxisprojekte angeregt hat (Stamm, 2010; 2021; Stamm et al., 2014). Trotzdem ist die Einseitigkeit bemerkenswert, weil sich die Bedingungen von Arbeiterkindern deutlich von den Bedingungen der Kinder aus einfach gestellten Migrantenfamilien unterscheiden. Diese haben oft nicht nur eine besonders starke innerfamiliäre Bindung, sondern auch eine Verpflichtung, an Traditionen festzuhalten. Gleichzeitig haben ihre Eltern oft den gezielten Wunsch, der Nachwuchs möge bildungserfolgreich werden. Im Vergleich ist die Elternbindung hiesiger Arbeiterkinder aufgrund der geringeren Bildungserwartungen deutlich lockerer. Deshalb müssen solche Heranwachsende ihr Engagement und ihre Motivation mehrheitlich aus sich heraus erzeugen, ohne auf Verwandtenunterstützung oder Solidaritätsbemühungen zählen zu können, wie dies für manche Migrantenkinder zutrifft.

Intellektuell begabte Arbeiterkinder gehören auf den Radar. Es gibt einige Staaten, die solche Begabtenreserven deutlich erfolgreicher als Deutschland, Österreich oder die Schweiz mobilisieren. Ein Beispiel ist Kanada, das in langer historischer Tradition das Potenzial einfacher Sozialschichten als *source of skills* und als Investition in die Zukunft versteht (OECD, 2020). Die hierzulande geringe Mobilisierung der Begabtenreserven ist somit ein Negativbeispiel für das Argument, die Auslese nach Herkunft sei ein zu ertragendes Schicksal. Nein, das Gegenteil trifft zu: Sie ist eine bildungspolitisch bewältigbare Herausforderung.

Doch hierzu gibt es hartnäckige Vorurteile. Beispielsweise suggeriert die Definition des Begriffs bildungsfern, Kinder sozial einfach gestellter Familien seien selbstverständlich so zu etikettieren. Gemäß Pisa-Definition sind für diese Etikettierung vier Kriterien ausschlaggebend: die Anzahl Meter an Büchern, welche eine Familie besitzt; die räumliche Ausstattung (z. B. eigenes Zimmer mit Schreibtisch), die Ausbildung der Eltern sowie das Bildungskapital der Familie (Besuch von Bibliotheken, Museen oder Konzerten). Solche Kriterien geben vor, Arbeiterfamilien seien ungebildet. Unberücksichtigt bleibt dabei, dass sich manche intellektuell begabten Kinder und Jugendlichen aus benachteiligten Familien sehr für Bücher und Zahlen interessieren, aber zu den jeweiligen Ressourcen nur unter erschwerten Bedingungen Zugang haben. Auch bildungsnahe junge Menschen werden etikettiert. Aufgrund der Kriterien gelten sie automatisch als gebildet und werden ins Gymnasium geschleust, auch wenn sie sich kaum für intellektuelle Fragen oder anspruchsvollen Schulstoff interessieren.

Die Angst vor der Konkurrenz von unten

Nicht wenige der bildungsambitionierten Familien haben vor der Emanzipation einfacher Sozialschichten Angst. Deshalb lässt sich Bildungsungleichheit auch als Ergebnis der Bemühungen privilegierter Familien interpretieren, das Kapital möglichst sicher an den eigenen Nachwuchs zu vererben. Doch weil eine direkte Vererbung heute nicht mehr möglich ist, braucht es den Weg über das Bildungssystem. Soweit die Aussagen des Soziologen Pierre Bourdieu (2001). Obwohl sie schon lange oft als provokativ wahrgenommen werden, finden sie seit der Jahrtausendwende stärker Anklang (Lange-Vester & Schmidt, 2020). Denn die Förderung von Kindern aus benachteiligten Milieus löst bei gut situierten Familien zunehmend Angst vor einer Konkurrenz von unten aus. Darum bemühen sie sich um eine Positionserhaltung und Statusabsicherung. Heinz Bude beschreibt dieses Phänomen in seinen Büchern »Bildungspanik« (2011) und »Gesellschaft der Angst« (2014). Oft wird versucht, diese Konkurrenzangst dadurch in den Griff zu kriegen, gut situierten Eltern einzureden, sie sollten ihre Bildungsambitionen herunterfahren. Ihre Absichten sind allerdings legitim. In einer demokratischen Gesellschaft lassen sich bildungsambitionierte Väter und Mütter nicht daran hindern, ihre Ressourcen einzusetzen, um die Bildungslaufbahn der Kinder zu fördern (siehe auch Fend, 2014; Maaz et al., 2022).

Eine Achillesferse liegt in der Tatsache, dass bei Übertrittsempfehlungen Neigungen und Fähigkeiten zu wenig berücksichtigt werden. Darum dominiert die Praxis, Mittelschichtkinder mit guten Schulnoten unhinterfragt und ohne Bezug zu ihren Fähigkeiten und Interessen an ein Gymnasium zu schicken, intellektuell begabte Kinder aus einfachen Sozialschichten jedoch fast automatisch in die Berufsbildung abzulenken – mit der Begründung, die Eltern könnten sie ja nicht unterstützen. Dies ist eine falsche Perspektive. Ein bildungspolitisches Ziel sollte deshalb sein, bei den Übertrittsverfahren das Potenzial und die Neigungen der Heranwachsenden zu berücksichtigen. Würden die in diesem Sinn Geeignetsten das Gymnasium besuchen, könnten Herkunftseffekte minimiert werden. Es geht somit keinesfalls darum, die Matura- respektive Abiturquote zu erhöhen oder ein »Gymnasium für alle« zu postulieren (Pfister, 2018).

Erfolgsfaktoren für den Übertritt ans Gymnasium

Dass sich der Anteil an Kindern aus sozial einfach gestellten Familien im Gymnasium bis heute nicht so erhöht hat wie der Anteil an Kindern aus Akademikerfamilien, ist zwar zur pädagogischen Folklore geworden. Will man allerdings auf bildungspolitischer und pädagogischer Ebene etwas verändern, ist eine Frage von zentraler Bedeutung: Welches sind die Gründe, dass es bestimmte Arbeiterkinder trotz der zahlreichen Benachteiligungen ans Gymnasium geschafft haben? Solche Fragen werden bisher kaum gestellt, meist geht es ausschliesslich um die Kompensation von Defiziten der Unterschichtkinder (kritisch: Bühler-Niederberger, 2006; Miethe, 2017; 2021; Schiek, 2021). Wenn man immer von Defiziten ausgeht, sucht man sie und findet sie auch.

Doch Antworten auf meine Frage ermöglichen, Handlungsempfehlungen zu formulieren, wie das Potenzial von intellektuell begabten und akademisch interessierten Kindern aus benachteiligten Verhältnissen besser unterstützt und entwickelt werden kann und welche Bedingungen dafür geschaffen werden sollten.

Hier setzt mein Debattenbuch zu Arbeiterkindern ein. Es konzentriert sich auf zwei Themenkomplexe. Im ersten Teil geht es um bildungssoziologische Erkenntnisse und Hintergründe, warum soziale Ungleichheiten bisher nicht abgebaut, sondern nach wie vor eher reproduziert werden. Zweitens – und das ist das Herzstück des Buches – geht es um die empirische Erfassung von Erfolgsfaktoren des Bildungsaufstiegs ans Gymnasium, die der aktuell dominierenden Defizitsicht als positiver Fokus entgegengesetzt werden. Argumentationsleitend ist das Verständnis von Bildungsaufstieg im Sinne der Bildungsresilienz. Beatrice Kustor-Hüttl definiert sie als »gelungene Bildung trotz besonders ungünstiger Bildungsvoraussetzungen« (2011, S. 83; vgl. auch Göppel, 1999, S. 177).

Basis bildet unsere empirische Studie »Arbeiterkinder ans Gymnasium«, an der 296 erwachsene Personen aus benachteiligten Milieus ohne Migrationshintergrund teilgenommen haben. Sie hatten die Hürde Gymnasium gemeistert und blicken heute aus der Rückschau auf ihren Bildungsweg und ihre Persönlichkeitsentwicklung. Gleichzeitig objektiviert dieser positive Blick die oft kritisierte »Kulturalisierung des Arbeiterkindes« (Käpplinger et al., 2019), wonach der Faktor soziale Herkunft überbetont und individuelle Persönlichkeitsmerkmale ausgeblendet würden.

Zunächst geht es um bildungssoziologische Erkenntnisse zu den Realitäten unserer Gesellschaft. So wird das Sprichwort »Jeder ist seines Glückes Schmied« von der Bildungspolitik oft und gerne herangezogen, um die mangelnde Bildungsgerechtigkeit zu kaschieren. Die Schwerpunkte I und II verweisen sodann auf die Realitäten der Chancenungleichheit in Schule und Bildungssystem sowie auf die Situation, wie Arbeiterkinder in der Familie sozialisiert werden und weshalb daraus eine gewisse Aufstiegsangst entstehen kann. Die Schwerpunkte III und IV sind den Erkenntnissen unseres Forschungsprojekts gewidmet und beantworten die Leitfragen des Buches, wer es wie und warum aufs Gymnasium geschafft hat, welche Rolle Familie, Schule und Personen des außerschulischen Bereichs spielten, wie wichtig die »Aufstiegsangst« ist und inwiefern es aufgrund des Bildungsaufstiegs zu einer Distanzierung zur Familie gekommen ist.

Der abschließende Schwerpunkt V stellt fünf Wege zur Debatte, wie im Hier und Jetzt gehandelt werden kann. Dabei geht es um die Änderung von Haltungen, den Aufbau einer Kultur des positiven Blicks, die Veränderung von Selektionspraxen sowie um die Entwicklung von Habitussensibilität und den systematischen Aufbau eines Mentoratssystems.

Nicht alle sind ihres Glückes Schmied

Die gesellschaftliche Wirklichkeit hat uns eingeholt. Die Bildungsexpansion[2] der 1970er Jahre hatte zwar die Ausschöpfung der Begabtenreserven zum Ziel (Mädchen, Angehörige der katholischen Religion, Heranwachsende aus ländlichen Regionen, Arbeiterkinder), doch sie konnte nicht halten, was versprochen worden war. Das ist bis heute so geblieben. Während die Ziele für die drei ersten Gruppen weitgehend erreicht wurden (wobei Frauen in den MINT-Bereichen nach wie vor untervertreten sind und Gleiches für Professorinnen gilt), trifft dies für die Gruppe der Arbeiterkinder nicht zu.

Die Bildungschancen von Heranwachsenden aus unterschiedlichen Sozialschichten haben sich kaum angeglichen. Nach wie vor gibt es am Gymnasium eine deutliche Übervertretung von Jugendlichen aus gut situierten Familien. Berücksichtigt man die Daten aus den deutschsprachigen Staaten, ist die Chancenungleichheit sogar größer geworden, weil der Schulerfolg stärker als je zuvor von den Ressourcen der Herkunftsfamilie abhängt. Deutschland, Österreich und die Schweiz gehören zu den Weltmeistern bei der Benachteiligung von Kindern. Solche aus einfach gestellten Familien, die das Rüstzeug fürs Gymnasium mitbringen würden, landen oft in hierarchisch tieferen Schulniveaus. Aber nicht darum, weil sie zu dumm sind, sondern, weil dieser Weg einfacher ist als Hochkämpfen.

Es gibt doch genetische Unterschiede!

Gibt es denn überhaupt so viele begabte Arbeiterkinder? Folgt man der ETH-Forscherin Elsbeth Stern, lautet die Antwort: Ja, es gibt sie (Stern & Hofer, 2014; Berkowitz & Stern, 2018). Allerdings – so führt sie aus – verfüge ein nicht kleiner Teil der Gymnasiastinnen und Gymnasiasten aus gut situierten Familien kaum über die notwendigen intellektuellen Fähigkeiten. Deshalb werde gescheiteren Kindern aus einfachen Sozialschichten der akademische Weg verbaut.

Die Überzeugung hat eine lange Tradition, wonach zwischen den kognitiven Fähigkeiten eines Kindes und seiner sozialen Herkunft eine lineare Beziehung be-

---

2 Der Begriff »Bildungsexpansion« bezeichnet in der Bildungsforschung (http://www.wirtschaftslexikon.co/d/bildungsforschung/bildungsforschung.htm, Abfrage: am 17.06.2024) den in den sechziger und siebziger Jahren erfolgten Ausbau der sekundären und tertiären Bereiche (Gymnasien, Hochschulen, Universitäten), den Abbau der Geschlechterungleichheiten sowie die Förderung der Arbeiterkinder (Hadjar & Becker, 2006).

steht. Historisch besehen ist es vor allem die viel beachtete Langzeitstudie von Lewis Terman zu den Lebensläufen überdurchschnittlich begabter Kinder, welche durch die Bestätigung solcher Annahmen Furore gemacht hat (Terman & Oden, 1959). Drei Viertel der überdurchschnittlich begabten »Termiten-Kinder« stammten nämlich aus der Mittel- und Oberschicht, aber nur ein Viertel aus dem Arbeitermilieu. Erklärt wurde diese empirische Erkenntnis damit, dass es eben der höhere Bildungsgrad der Eltern sei, der für eine bessere genetische Ausstattung der Kinder sorge. Doch der Grund war ein anderer. In Termans Studie hatten Lehrpersonen die Identifikation der Kinder vorzunehmen. Weil die Mehrheit in privilegierten Gegenden unterrichtete, fehlten Kinder aus einfach gestellten Familien weitgehend. Diejenigen, die als hochbegabt identifiziert wurden, hatten somit gezwungenermaßen vorwiegend gut gebildete Eltern. Die Überzeugung, solche Kinder seien selbstverständlich intelligenter, hielt und hält sich hartnäckig.

Ob Schulleistungen in erster Linie auf genetische Unterschiede oder eher auf Einflüsse der Umwelt zurückzuführen sind, ist eine heiß diskutierte Frage. Was prägt Menschen und macht sie zu denen, die sie sind? Diese »nature-nurture« Debatte flammt immer wieder auf, obwohl wir inzwischen viel über das Zusammenwirken der beiden Komponenten wissen. Beispielsweise hat das bloße Vorhandensein von Genen noch keinen kausalen Einfluss auf die Entwicklung. Richtig ist, dass manche genetischen Anlagen durch Veränderungen der Umwelt und der Bezugspersonen beeinflusst werden können. Folgt man Marcus Hasselhorn und Kollegen (2008), gibt es eine gemeinsame Verhaltenswirksamkeit von Anlage und Umwelt, weshalb sie nur in ihrer Interaktion verstanden werden können.

Warum diese Debatte nicht totzukriegen ist, hat viel mit der weltanschaulichen, religiösen und gesellschaftlichen Aufladung und den unterschiedlichen Wertvorstellungen zu tun. Allerdings konnten und können die Pisa-Studien die Wogen mit dem Nachweis etwas glätten, dass das Ausmaß der Leistungsunterschiede im internationalen Vergleich sehr unterschiedlich ist. Damit attestieren diese Studien unseren deutschsprachigen Staaten ein Gerechtigkeitsproblem der Bildungssysteme (Maaz & Daniel, 2022). Nicht lediglich die Gene können für Leistungsunterschiede verantwortlich sein, sondern sie müssen auch mit den Umweltbedingungen interagieren. Dass die Leistungen der Kinder aus einfach gestellten Familien im Gegensatz zu den Leistungen der Kinder aus gut situierten Elternhäusern oft schlechter sind, dürfte somit nicht lediglich die Folge eines Naturgesetzes sein.

Jedes Individuum ist ein Konglomerat genetischer Anlagen, umweltbedingter Einflussfaktoren und dem, was es selbst aus sich macht. Somit müsste uns eher die Frage beschäftigen: Wie geht unsere Gesellschaft mit solchen Unterschieden um? Wie sollten die familiären und schulischen Bedingungen sein, damit sich das genetisch angelegte Potenzial überhaupt in Interaktion mit den Lernumwelten entwickeln kann? Denn erst dadurch, wie Kinder von ihrer Umgebung und der

Gesellschaft beeinflusst werden, prägen sich unterschiedliche Veranlagungen in Gegenwart und Zukunft aus – oder eben nicht.

Der Apfel fällt nicht weit vom Stamm

Unterschwellig ist den meisten Menschen bewusst, dass unsere Gesellschaft Bildungsungerechtigkeiten (re-)produziert. Das dürfte einer der Hauptgründe sein, warum an bildungspolitischen Apéros dieses Thema so beliebt ist. Auffallend schnell wird die Metapher »Jeder ist seines Glückes Schmid« herangezogen, um zu versichern, junge Menschen aus bescheidenen Verhältnissen könnten es mit genug Fleiß, Anstrengung und Hartnäckigkeit selbstverständlich zu etwas bringen. Aufstieg durch Bildung heißt die Formel, die oft mit dem *American Dream* gleichgesetzt wird, der den Entschlossenen den Weg nach oben weist.

Doch diese Metapher ist ein ideologisches Konstrukt. Sie will krampfhaft damit überzeugen, es entscheide allein der individuelle Ehrgeiz über den Berufserfolg, und dieser sei das Ergebnis des Willens. Unerwähnt bleibt, wie systemimmanente Prozesse wie Herkunft, Ressourcen der Familie oder ungerechte Zensurengebung solche Prozesse beeinflussen. Logischerweise interpretieren benachteiligte Kinder, die ihr Potenzial nicht ausnutzen können, solche Schranken oft als Folge ihrer eigenen Unzulänglichkeit.

Weil das Sprichwort »Jeder ist seines Glückes Schmied« die Situation verfälscht, wirkt der ihm innewohnende Sinn umso dramatischer. Treffender wäre deshalb die Metapher »Der Apfel fällt nicht weit vom Stamm«. Denn Kinder verhalten sich – zumindest bis zur Adoleszenz – meist ähnlich wie ihre Eltern und interessieren sich für die gleichen Dinge. Ein Apfel, der aus den Ästen seines Apfelbaums zu Boden fällt, wird kaum weit vom Baumstamm entfernt zu finden sein – allerdings mit Ausnahmen: begabte junge Menschen, denen der Bildungsaufstieg tatsächlich gelingt.

Die schön geredete Chancengleichheit

Akademische Bildung ist nach wie vor ein herkunftsbezogenes Privileg. Das ist in allen deutschsprachigen Staaten so. Trotz des hehren Ideals der Chancengleichheit fällt vielen die Anerkennung der empirischen Tatsache schwer, wonach Bildung immer noch überdurchschnittlich stark vererbt wird (Gerhartz-Reither, 2017). Und manche bleiben auch mehrheitlich blind für die ungerechten gesellschaftlichen Verhältnisse. Warum? Das fragt sich auch der Moralphilosoph Michael Sandel (2020). Seine Antwort ist, das Mantra »Wer hart arbeitet, kann alles erreichen« lasse Bildungsbenachteiligte glauben, jede Person habe genau das, was sie verdiene. Im Umkehrschluss sind diejenigen, die am Bildungssystem scheitern, selbst schuld. Darüber berichtet Ciani-Sophia Hoeder (2024) in ihrem Buch »Vom Tellerwäscher zum Tellerwäscher«. Sie zeigt, wie sich Klasse mit anderen Diskriminierungsformen vermischt und fehlende Chancengleichheit unsere Gesellschaft prägt.

Auch die Bildungspolitik nutzt solche Mantras als Legitimationsmuster. Erstens ist es der beliebte Verweis auf die besondere Durchlässigkeit unserer Bildungssysteme. Wer es nicht ans Gymnasium schaffe, könne später trotzdem ein Hochschulstudium absolvieren. Zweitens ist die Überzeugung verbreitet, Kinder aus einfach gestellten Familien seien in der Sekundarschule (Deutschland: Realschule; Österreich: Neue Mittelschule) besser aufgehoben, weil sie von Vätern und Müttern kaum Hilfe erwarten können. Beide Hinweise sind zwar wichtig, die damit verbundenen Legitimationsmuster jedoch falsch.

Mit einer Berufslehre und einer Berufsmaturität (Deutschland: Fachabitur) wird ein Studium an einer Fachhochschule möglich, so das erste Muster. Längst ist das der Ausbildungskönigsweg für junge Menschen aus durchschnittlichen Verhältnissen geworden. Und diese wichtige Form von Durchlässigkeit hat auch teilweise zum Abbau der sozialen Ungleichheit beim Hochschulzugang beigetragen. Währendem an Universitäten nur eine von fünf Personen aus bescheidenen Verhältnissen studiert, sind es an Fachhochschulen und Pädagogischen Hochschulen immerhin ein gutes Drittel (Stamm, 2016a). Das ist eine erfreuliche Entwicklung, doch darf sie nicht schöngeredet werden. Es kann nicht sein, dass diese Durchlässigkeit als Alibi benutzt wird, intellektuell begabte Arbeiterkinder in die Berufsbildung mit dem Hinweis auf die Möglichkeit eines späteren Hochschulstudiums abzulenken, während Söhne und Töchter aus Akademikerfamilien unhinterfragt wieder Akademiker und Akademikerinnen werden. Kinder aus der Arbeiterschicht übernehmen solche Begründungen weitgehend und sehen sich darin bestätigt, zu wenig intelligent fürs Gymnasium zu sein, weshalb der Entscheid der Schule gerecht sei.

Auch das zweite Legitimationsmuster hat seine argumentativen Lücken. Es setzt zu sehr auf die Erwartung, Väter und Mütter müssten mithelfen, die Lernleistungen ihrer Kinder zu festigen. Deshalb sollten sie eine »verantwortete Elternschaft« als Grundlage für eine erfolgreiche Schullaufbahn pflegen. Dem widersprechen die meisten Untersuchungen der frühkindlichen Bildungsforschung. Sie weisen nach, wie sehr sich Kinder bereits beim Eintritt in den Bildungsraum unterscheiden und einen bemerkenswert unterschiedlichen Rucksack an Startkapital und familiären Unterstützungsmöglichkeiten mit sich bringen. Auf dieser Basis werden sie entsprechend ihrer sozialen Herkunft sortiert. Arbeiterkinder werden in die Sekundarschule (Schweiz), die Haupt- bzw. Neue Mittelschule (Österreich) oder in die Hauptschule respektive Realschule (Deutschland) gelenkt, währendem Akademikerkinder den Gymnasien zugewiesen werden (Vester, 2009; 2018; Stamm, 2018).

Wer hat, dem wird gegeben

Maßnahmen zur vorschulischen Förderung sind besonders wichtige Beiträge zur Startchancengleichheit. Eine gute und systematische frühe Förderung kann die Startchancen zumindest etwas weniger ungleich machen. Trotzdem bleibt zu oft außen vor, wie sehr frühe Förderung in gut situierten Familien ein Hype geworden ist, der sich auch in einer sehr hohen Nutzung privater Angebote zeigt. Und dies, obwohl empirisch relativ gesichert ist, dass frühe Förderkurse für gut Betuchte eine eher geringe Wirksamkeit haben im Hinblick auf den späteren Bildungserfolg (Stamm, 2016b). Nicht zu unterschätzen ist allerdings, dass solche Kinder vor allem den Habitus von Bildungsinstitutionen kennen, was ihnen einen Vorteil bei der Einschulung verschafft. Doch all diejenigen Kinder, die frühe Förderung am nötigsten hätten, fallen am häufigsten durch die Maschen. Spezifische Angebote für sie sind zu selten systematisch vorhanden, meist eher zufällig und von der Kommune, vom Kanton respektive vom Bundesland abhängig. Diese Situation trägt dazu bei, dass der Vorschulkindheit droht, zu einem neuen Schlüsselbereich der sozialen Reproduktion von Bildungsungleichheit zu werden (Stamm, 2017).

Auch wenn frühkindliche Bildungsprogramme für benachteiligter Kinder eine Verpflichtung des öffentlichen Bildungswesens werden würden, bleibt die Verwirklichung von Chancengleichheit eine fast unmögliche Herkulesaufgabe. Dahinter steckt das Problem mit dem Namen »Matthäuseffekt«. In der neutestamentlichen Parabel bei Matthäus XXV heißt es im Vers 29: »Denn, wer hat, dem wird gegeben, und er wird im Überfluss haben, wer aber nicht hat, dem wird noch weggenommen, was er hat.« Gemeint ist damit das Prinzip, dass junge Menschen, die früh schon aufgrund ihrer sozialen Herkunft ein höheres Kompetenzniveau erreichen, auch bei den nächsten Selektionshürden – ganz besonders ans Gymnasium – eine deutlich bessere Chance haben, die Vorteile weiter auszubauen (Stamm, 2011). Eine solche Privilegierung von Chancenstrukturen führt zur Verstärkung bestehender Unterschiede. Privilegierte Kinder haben meist schon früh individualisierte Lernbedingungen, bekommen kompetente Hilfe bei Schulaufgaben und, wenn die Noten nicht erwartungsgemäß ausfallen, zusätzlich Nachhilfe oder Lernstudiounterstützung. Im Gegensatz dazu sind Kinder aus einfachen Verhältnissen auf sich selbst gestellt, haben oft mit Geschwistern ein Zimmer zu teilen und können nur so lange lernen, bis jemand zum Schlafen das Licht ausmacht. Meistens müssen sie alleine mit den Hausaufgaben fertig werden, wenn beide Elternteile Schicht arbeiten oder sie ihnen grundsätzlich kaum helfen können. Auf dieser Basis ist es zumindest erstaunlich, dass auch neueste Studien davon ausgehen, das Prinzip der individuellen Förderung aller Kinder mache es möglich, die Rolle der sozialen Herkunft fast auszuschalten (Maaz & Daniel, 2022, S. 43). Das Phänomen der Matthäuseffekte widerspricht dieser visionären Auffassung. Auch wenn eine konsequente Förderung von Schülerinnen jeglicher Herkunft das allgemeine Leistungsniveau anhebt, dürfte es immer gut situierte Familien geben, die kraft ihrer finanziellen Möglichkeiten und Anstrengungen mehr aus ihren Kindern »herausholen« können.

Diese Situation beeinflusst auch die Erwartungshaltungen von Lehrkräften, die bei Schülerinnen und Schülern aus privilegierten Familien im Durchschnitt deutlich höher ausfallen als bei solchen aus einfach gestellten Familien. Kinder bescheidener sozialer Herkunft, die eigentlich aufgrund ihrer hohen Fähigkeiten einen Anspruch auf einen Platz am Gymnasium hätten, werden bei gleichen Leistungen ungünstiger benotet und haben deshalb schlechtere Chancen, den Übertritt zu schaffen (Tomasik et al., 2018).

Kleider machen Leute

Kinder aus benachteiligten respektiv aus sozial einfachen Verhältnissen gelten als »bildungsfern«. Doch dieser Begriff lenkt vom Problem ab, warum solche Kinder trotz überdurchschnittlich intellektueller Begabung den Weg ins Gymnasium seltener schaffen. Ein wesentlicher Grund sind nicht nur die bereits erwähnten vier Kriterien, anhand derer Bildungsferne definiert wird. Sehr oft wird sie auch unhinterfragt mit einem bestimmten Habitus verbunden. Gemäß Pierre Bourdieu (1987; vgl. auch Kramer, 2011; Schmitt, 2010) sind mit diesem Begriff sowohl Erscheinungsbild als auch Auftreten und Umgangsformen oder die Art und Weise gemeint, wie man spricht oder isst. Aufstiegswillige Kinder aus Arbeiterfamilien müssen nicht nur gute Noten haben, sondern auch lernen, wie man sich im oberen Milieu bewegt und was man wie tut. Gleichzeitig müssen sie auch Prägungen aus der Kindheit »verlernen«, um in der Schule erfolgreich sein zu können.

Allerdings war Bourdieu nicht der erste, der die Bedeutung des Habitus entdeckt hat. Der Schweizer Schriftsteller Gottfried Keller beschrieb dieses Phänomen schon vor mehr als 150 Jahren (1858/2002). In den Erzählungen »Die Leute von Seldwyla« berichtet er von Wenzel Strapinksi und Hans Kabis, zwei Menschen, die sehr unterschiedlich mit ihrem Habitus umgehen. Hans Kabis ist die Hauptfigur der Humoreske »Der Schmied seines Glückes«. Er ist in sehr einfachen Verhältnissen in Seldwyla aufgewachsen, einer kleinen Gemeinde irgendwo in der Schweiz und will mit geringem Aufwand die sozialen Schranken seiner Herkunft überwinden. Deshalb konzentriert er sich auf Äußerlichkeiten wie die Verbesserung seiner Kleidung, aber ebenso auf kleine Veränderungen seines Namens – statt Hans nennt er sich John und aus dem Familiennamen Kabis macht er Kabys. Aber als John Kabys scheitert er, weil es ihm trotz aufwändigem Lebensstil nicht gelingt, sich den Anschein eines Dazugehörigen zu geben. Er stößt an die Grenzen seines Habitus und wird als Aufschneider entlarvt.

Anders der arme, doch ehrliche Schneider Wenzel Strapinski in der Novelle »Kleider machen Leute«. Er trägt einen gepflegten Schnurrbart, einen edlen Mantel und eine gediegene Pelzmütze. Sonst hat er nichts. Aber er heiratet schließlich die Tochter des Amtsrats und steigt auf. Trotzdem bleibt Strapinski bescheiden, sparsam und fleißig und geht einer ehrbaren Arbeit nach. Keller beschreibt ihn als Hochstapler wider Willen, der es aufgrund seiner Bescheidenheit zum Vorbildbürger bringt, während John Kabys als selbstgefälliger Seldwyler Bürger auftritt, der sein Glück als Hochstapler versucht, es aber nicht findet. Er muss erkennen, dass des eigenen Glückes Schmied sein zu wollen, eine Mär ist.

Übertragen auf die heutige Zeit lässt sich aus den beiden Beispielen schließen, dass beim sozialen Aufstieg weniger die materielle Ausstattung als die ehrbare Arbeit und vor allem das erarbeitete Vertrauen eine zentrale Rolle spielt. Der Habitus ist nicht lediglich das Schicksal, als das er manchmal dargestellt wird. Als Produkt der persönlichen Geschichte ist er ein offenes System, das ständig mit neuen Erfahrungen konfrontiert wird.

I Tücken des Bildungssystems

Kapitel 1: Illusionen und Täuschungen

Chancengleichheit in Bildung und Schule ist eine Illusion – das war vor mehr als fünf Jahrzehnten die These von Pierre Bourdieu und Jean-Pierre Passeron (1971). Das Bildungswesen, so ihre Überzeugung, hilft nicht, die klassenbezogenen Ungleichheiten abzubauen. Im Gegenteil, es trägt dazu bei, sie zu erhalten. Ungleiche Bildungschancen werden so verkleidet, dass der Eindruck entsteht, die Selektion würde allein auf der Basis von objektiven Leistungskriterien stattfinden. Doch die Zensur der Herkunft verdeckt die Tatsache der Privilegien von Akademikerkindern, auch oder gerade dann, wenn sie vielleicht nur durchschnittlich intelligent sind.

Die beiden Autoren haben diese These während der Bildungsexpansion entwickelt. Sie war von großen Hoffnungen begleitet, Chancengleichheit würde nun endlich Realität. Aus der Rückschau haben sich solche Hoffnungen nicht erfüllt. Ganz besonders gilt dies für den Zugang zu den Gymnasien. Kinder aus gut situierten Milieus haben ihre Beteiligung im Gymnasium, an Hochschulen und Universitäten mehr als verdoppelt, während sie bei Arbeiterkindern stagniert.

In diesem Kapitel geht es um die Frage, welche systembedingten Mechanismen hinter solchen desillusionierenden Fakten stecken. Zwar gilt das Scheitern von begabten Kindern aus einfach gestellten Familien als selbstverschuldet, ist es aber nur teilweise. Das Bildungssystem selbst reproduziert auch heute noch ungleiche Bildungschancen (Kramer et al, 2009; Interview mit Jürg Schoch, 2023[3]). Dahinter stecken das so genannte Bildungsparadox, das meritokratische Modell sowie der Mittelschichtbias der Schule. Dazu kommt die Belohnung angepassten Verhaltens.

Weshalb Privilegien erhalten bleiben: Das Bildungsparadox

Die Ausschöpfung von Begabtenreserven war der Ausgangspunkt für die Bildungsexpansion. Sie hat viel Dynamisches hervorgebracht und Emanzipationspotenziale befördert, was beispielsweise im deutlichen Abbau der Geschlechterungleichheit sichtbar wird. Doch das Versprechen, herkunftsbedingte Benachteiligungen zu minimieren, konnte sie nicht einlösen. Verwirklichte Chancengleichheit ist Programm geblieben (Becker, 2016; siehe auch Castel, 2005). Zwar wurden die Bildungschancen für alle verbessert, doch die tradi-

---

3   https://www.woz.ch/2350/bildungspolitik/viele-braeuchten-nur-mehr-zeit/!CHS6B96DP6R9 (Abfrage: am 30.03.2024).

tionell vorhandenen Privilegien bessergestellter Kreise blieben erhalten. Dieses Bildungsparadox wurde schon vor dreißig Jahren von Lothar Böhnisch (1994) thematisiert. Damit meinte er das Phänomen, dass eine Erhöhung des allgemeinen gesellschaftlichen Bildungsniveaus keine Erhöhung der Berufschancen für alle nach sich zieht, sondern Kinder aus gut situierten Milieus sogar verstärkt profitieren. Ulrich Beck hatte dies in seinem Buch Risikogesellschaft (1986, S. 243) begründet. Aufgrund der Bildungsexpansion habe das Bildungssystem seine statusverteilende Funktion verloren, währendem nun andere Kriterien wie Beziehungen und Netzwerke diese Funktion übernehmen würden. Ergänzen könnte man diese Analyse mit den finanziellen Aufwendungen gut situierter Familien, damit der anvisierte akademische Bildungsweg gelingt. Michael Vester spricht deshalb auch von einer »optischen Täuschung« (2004, S. 1).

Der Trend zum Gymnasium führt dazu, dass es für alle immer enger wird, für Arbeiterkinder sowieso, aber auch für Kinder aus bildungsambitionierten Mittelschichtfamilien. Gerade weil sich ihre Eltern einer wachsenden Konkurrenz aus den eigenen Reihen gegenübersehen, verstärken sie die privaten Förderanstrengungen markant. Die Regeln der Konkurrenzgesellschaft sind ihnen mehr als bewusst: Die Leistungen der eigenen Kinder müssen höher sein als die der Konkurrenz[4]. Deshalb investieren sie aus privater Initiative viel in den Schulerfolg des Nachwuchses.

Seit der Bildungsexpansion sind solche Entwicklungen im Zusammenhang mit Selektionsentscheidungen und Übertrittsempfehlungen der Schulen und Lehrkräfte zu sehr ausgeklammert worden (Becker, 2006; Stamm, 2022). Allein auf den quantitativen Ausbau der Gymnasien zu setzen war nicht nur zu ambitiös, sondern auch zu wirkungslos. Unsere Gesellschaft repräsentiert weiterhin ein hierarchisch gestuftes System – nach Einkommen, Besitz und Bildung. Und fast alle Menschen verorten sich relativ schnell in dieser Schichtstruktur: als Reiche, als Normalos, als »Büezer« oder als Arme. Oben, Mitte, Unten (Geißler & Weber-Menges, 2010).

Das meritokratische Versprechen und die Verinnerlichung des Schicksals

Das Selbstverständnis unserer demokratisch verfassten Gesellschaft ist meritokratischer Art. Es beruht auf der Überzeugung, wonach Status und Erfolg einer Person durch die eigene Leistungen bestimmt werden, nicht aber durch ihre Her-

---

4   Im Kanton Zürich florieren die Vorbereitungskurse fürs Gymnasium. Meist sind es Akademikereltern, die für einen 22-wöchiger Kurs mit einem halben Tag Unterricht pro Woche etwa 4.000 CHF bezahlen. Die Kurse sind manchmal ein Jahr vorher oder länger ausgebucht (Watson, 06.03.2023: https://is.gd/fIUAAG Abfrage: am 10.06.2024).

kunft oder durch vererbte Privilegien. In beinahe jedem Schulgesetz steht, Kinder müssten nicht nur auf dem Papier, sondern auch in der Realität gleiche Chancen bekommen, um ihre Fähigkeiten und Potenziale entwickeln zu können. Doch bei näherem Hinsehen ist das ein Mythos.

Warum konnte sich diese meritokratische Idee überhaupt so lange halten? Weil sie sich augenfällig mit der Metapher des eigenen Glückes Schmied legitimiert und damit auf das Leistungsergebnis sowie die Eigenverantwortung des Individuums setzt. Diese Argumentation ist nicht nur beliebt, sondern auch bequem – denn sie beruhigt das Gewissen. Noch immer wird Leistungsgerechtigkeit unter dem Deckmantel individueller Fähigkeiten für den Bildungsaufstieg verkauft und damit der Glaube an ein herkunftsunabhängiges Bildungssystem mit der vermeintlich objektiven Selektion geschürt: Wer tüchtig und leistungsfähig sei, setze sich durch. Leistungsunterschiede seien natürlich, und deshalb müsse es Sieger und Verlierer geben.

Auf diese Weise werden soziale Unterschiede in solche angeborener Intelligenz umgedeutet. Dies erweckt den Eindruck, alle Heranwachsenden würden gleich behandelt. So schafft es das Bildungssystem, Kinder aus bescheidenen Verhältnissen davon zu überzeugen, dass es ihre fehlenden Fähigkeiten sind, warum sie nicht aufsteigen können. Verinnerlichung des Schicksals heißt das bei Bourdieu (2001, S. 32).

Das meritokratische Prinzip hat beträchtliche legitimatorische Probleme. Noch immer wird verschwiegen, wie Leistungsunterschiede produziert werden. Leistung ist heute bei weitem nicht das individuelle Verdienst von Anstrengung und Intelligenz. Neben den Privilegien einer gehobenen sozialen Herkunft und gezielten familiären Förderanstrengungen sind es auch effektive Mittel der Erfolgsbeeinflussung wie ein Wohnortwechsel in gut situierte Regionen oder die Affinität zu Beschwerdeführungen seitens der Familie, sobald Noten nicht der Erwartung entsprechen. Wenn somit solche Arrangements wichtiger werden als individuelle Fähigkeiten und Anstrengungen, taugt das meritokratische Prinzip nicht mehr viel. Helmut Heid geht noch weiter und sagt, das Leistungsprinzip sei grundsätzlich ungeeignet, soziale Gerechtigkeit zu gewährleisten (Heid, 2009; 2012).

Die Schule ist nicht neutral

Bildungssystem und Schule erheben einen Neutralitätsanspruch, aber sie werden ihm faktisch nicht so gerecht, wie es dem Prinzip der Chancengleichheit entsprechen würde. Ein Beispiel sind begabte und intellektuell interessierte Arbeiterkinder, die den Weg ans Gymnasium zu selten schaffen. Manche Lehrkräfte beurteilen Kinder trotz gleicher Leistungen je nach sozialer Herkunft unterschiedlich und treffen auch unterschiedliche Entscheidungen. Es wäre jedoch zu einfach, dies ausschließlich den Lehrerinnen und Lehrern anzulasten, denn sie müssen Noten verteilen und handeln somit gesetzeskonform.

Ein grundsätzliches Problem ist die Mittelschichtorientierung der Schule, präziser: der Mittelschichtbias (*middle class-bias*), der in Schulalltag und Unterrichtspraxis zum Tragen kommt (Ditton, 2010; Grundmann et al., 2008; Hattie, 2014; Langer, 2014). Gemeint ist damit das meist ungewollte und unterschwellig wirkende Phänomen, dass sich die schulischen Erwartungen mehrheitlich am Ideal bildungsinteressierter Mittelschichtfamilien orientieren. In solchen Familien bekommt das Kind zu Hause Unterstützung, es orientiert sich an den als angemessen erwarteten Verhaltensweisen der Schule, verfügt über ein »Weltwissen« – also über Allgemein- und Erfahrungswissen zu Umwelt und Gesellschaft – und die Eltern kümmern sich verantwortungsvoll um es. Nicht wenige Lehrpersonen sind sich bewusst, dass sie ansatzweise solche Erwartungshaltungen haben. Viele wissen auch um die Benachteiligung der Schulkinder aus sozial einfach gestellten Familien. Doch wie sich solche Haltungen ändern lassen, hat die Mehrheit von ihnen in der Aus- oder Weiterbildung nur am Rande erfahren.

Lehrerinnen und Lehrern stammen mehrheitlich aus der Mittelschicht, weshalb sie mit ihren Erziehungs- und Bildungsvorstellungen vielleicht unbewusst diesen Hintergrund vertreten. Der Schulerfolg benachteiligter Kinder hängt auch wesentlich von der pädagogischen Alltagsarbeit ab (Gomolla & Radtke, 2002, S. 246; Rolff, 1997). Arbeiterkinder haben deshalb in solchen Schulen schlechtere Karten, in denen der Mittelschichtbias verbreitet ist. Kinder sollten ähnliches mitbringen wie solche Kindern aus bildungsnahen Milieus, also Kreativität, Neugier, Aufgewecktheit und gute Umgangsformen.

Eine angepasste Mentalität wird belohnt

Der Habitus wirkt bei den einen bremsend und zieht Ungerechtigkeiten nach sich, während er bei den anderen alle Wege ebnet. Er zeigt, woher wir kommen und wer wir sind. Der Habitus wird durch Herkunft und Erziehung eingeimpft und allen gewissermaßen in die Wiege gelegt. Der Mensch kann nicht keinen Habitus haben (Bremer & Lange Vester, 2013; Heinemann, 2020).

Ob ein Kind in einem Haushalt groß wird, in dem das Geld knapp ist oder nicht darüber gesprochen werden muss, weil es einfach da ist, spielt eine wesentliche Rolle. Genauso, ob Kinder ein Zimmer für sich allein mit fünfzig Büchern haben oder sie es mit Geschwistern teilen müssen. Wer in einer Arbeiterfamilie aufwächst, verhält sich in der Regel anders als ein Kind aus einer Akademiker-, Manager- oder Künstlerfamilie.

Ferner gibt es markante Unterschiede darin, mit welchen Einstellungen und Verhaltensweisen Kinder der Welt begegnen. Vorteile hat, wer oft mit der Familie in guten Restaurants speist und deshalb weiß, welches Besteck wie gebraucht werden soll und dass nicht mit vollem Mund gesprochen wird. Und es macht einen Unterschied, ob der Papa Mitglied eines einflussreichen Clubs ist oder am Abend mit Kollegen in der Kneipe Karten spielt.

Schon der Habitus einer Grundschülerin verweist auf ihre soziale Position. Hat sie einen differenzierten Wortschatz oder Hobbys, die etwas kosten und einen ausgewählten Freundeskreis, dann sind ihr Vorteile in der Schule wahrscheinlich gewiss. Nicht, weil Lehrkräfte parteiisch sind, sondern weil die Schule mittelschichtorientiert ist und Kinder mit einer solchen Mentalität unbewusst belohnt. Pläne fürs Gymnasium gelten dann fast als selbstverständlich. Zwar müssen auch Kinder aus gehobenen Sozialschichten gut in der Schule sein und dafür geradestehen. Aber das – mehrheitlich vom Elternhaus unterstützte – Können ist nur die halbe Miete. Der erforderliche Habitus ist die andere.

Kinder aus einfachen Verhältnissen werden zwar nicht immer, aber relativ oft, anders sozialisiert. Ihr Habitus orientiert sich primär am Prinzip der Notwendigkeit. Es geht um Bodenständigkeit und Pragmatismus und nicht um »ausgefallene« Berufsinteressen wie das Gymnasium. Selbstbescheidung ist wichtiger. Darum soll die begabte Tochter ihrem Habitus treu bleiben und nicht ans Gymnasium wechseln oder sogar ein Medizinstudium absolvieren, sondern Pflegefachfrau werden.

Auch wenn die Bildungspolitik immer wieder betont, dass sich die Klassengesellschaft auflöst, müssen aufstiegswillige Kinder aus Arbeiterfamilien nach wie vor mehr tun als nur gute Noten schreiben. Sie sollen auch lernen, wie man sich im oberen Milieu bewegt und was man wie tut. Dies ist einer der Gründe, weshalb ein Bildungsaufstieg oft zu Gefühlen von Fremdheit und Aufstiegsangst führt. Manche der Aufgestiegenen berichten im Rückblick, wie lange es gegangen sei, bis sie sich nicht mehr fehl am Platz gefühlt hätten. Und wie harzig der Weg gewesen sei, eine Mentalität zu entwickeln, die nicht einfach dem so genannt »besseren« Milieu, sondern der eigenen Entwicklungsgeschichte entspricht[5].

Schulen spielen bei solchen Anpassungsleistungen eine Schlüsselrolle. Wollen Lehrkräfte nicht nur die Chancengleichheit, sondern auch die Chancengerechtigkeit stärken – definiert als die Ermöglichung und Unterstützung fairer Chancen bei der Überwindung von Nachteilen und die Ausrichtung auf die Entdeckung von Potenzialen – braucht es etwas Grundlegendes: eine Sensibilität für diesen Habitus und ein Verstehen, warum Arbeiterkinder oft so sind und nicht anders.

---

5   Im Buch »Vom Arbeiterkind zur Professur« von Julia Reuter et al. (2020) berichtet Elke Kleinau vom langen Weg des gefühlten Fremdseins bis zur selbstbestimmten Professorin.

Kapitel 2: Die Macht des Übergangs an das Gymnasium

Der Übertritt ans Gymnasium ändert vieles. Dies ist der erste Bruch in der Bildungsbiografie jedes Kindes. Ganz besonders trifft dies zu, wenn es aus einem Arbeitermilieu stammt. Solche Kinder werden oft erstmals mit den Lebensweisen Gleichaltriger aus gut situierten Familien konfrontiert, die den Großteil einer Gymnasialklasse ausmachen.

Die Hintergründe zur Macht der Übergänge an das Gymnasium bilden den Mittelpunkt dieses Kapitels. Es sind dies die Übergangshürden (differenziert nach Herkunft, Geschlecht und Bildungskapital der Familie), die Interpretation des Bildungserfolgs als Produkt von Privilegien und Zufällen sowie Lehrerempfehlungen, die manchmal einer Sozialprognose ähneln. Daraus resultieren Bemühungen, intellektuell begabte Kinder einfacher Sozialschichten in die Berufsbildung »abzulenken«.

Die Hürde Gymnasium in der Empirie

Heute weisen Mädchen deutlich bessere Bildungschancen auf, im Durchschnitt haben sie Jungen überholt. Trotzdem ist der Übertritt ans Gymnasium nicht nur für begabte Jungen, sondern ebenso für begabte Mädchen aus Arbeiterfamilien die große Hürde geblieben (Buchmann & Kriesi, 2012; Stamm, 2019). Unbestritten ist die Selektion nicht allein von schulischen Leistungskriterien geleitet, sondern auch von der Herkunft, vom Geschlecht und vom familiären Bildungskapital. Darum ist dieser Übertritt die bedeutsamste Barriere im Hinblick auf einen möglichen Bildungsaufstieg.

Solche Zusammenhänge werden aus Abbildung 1 ersichtlich. Grundlage bildet die Entscheidungsbaumanalyse[6] von Ludwig Stecher (in Zinnecker & Stecher, 2018), die das komplexe Zusammenspiel von drei Strukturvariablen – soziale Herkunft, Bildungskapital und Geschlecht – in den Blick nimmt, sie auf drei Ebenen darstellt und die Anteile der Gymnasiastinnen und Gymnasiasten in den jeweiligen Subgruppen identifiziert. Dargestellt sind diese drei Ebenen mit den Pro-

---

6   Eine Entscheidungsbaumanalyse ist die Visualisierung eines komplexen, mehrstufigen Entscheidungsprozesses mit allen möglichen Entscheidungsoptionen. Die Entscheidungswege werden durch die Äste eines Baumes dargestellt. Dabei können die Entscheidungen in einer zeitlichen oder in einer logischen Abfolge stehen.

zentanteilen der Schülerinnen und Schüler, die in jeder Subgruppe das Gymnasium besuchen. Diese Darstellung macht gleichzeitig die Rangfolge deutlich, in der die ausgewählten Variablen Einfluss auf den Besuch des Gymnasiums nehmen.

Die ausgeprägteste Wirkung hat die Herkunft, auch sozioökonomischer Status (SES) genannt. Sie wurde von Stecher (ebd.) nach vier Quartilen eingeteilt und als Unter-/Arbeiterschicht, untere Mittelschicht, Mittelschicht sowie obere Mittelschicht/Oberschicht[7]) bezeichnet. Visualisiert wird auf der ersten Ebene, dass aus der Unter-/Arbeiterschicht nur 18 Prozent das Gymnasium besuchen, aus der unteren Mittelschicht sind es 34 Prozent, aus der Mittelschicht 56 Prozent und aus der oberen Mittelschicht/Oberschicht 67 Prozent. Den zweitstärksten Einfluss hat das Geschlecht (zweite Ebene) und zwar in drei der vier Herkunftsgruppen. Sind es Mädchen, verdoppelt sich ihr Anteil im Gegensatz zu den Jungen. Während 20 Prozent der Jungen aus der unteren Mittelschicht das Gymnasium besuchen, sind es bei den Mädchen 47 Prozent. Aus der Mittelschicht gehen 38 Prozent der Jungen, aber 71 Prozent der Mädchen ins Gymnasium. Und in der höchsten SES-Gruppe (obere Mittelschicht/Oberschicht) beträgt das Verhältnis von Jungen zu Mädchen 49 Prozent zu 80 Prozent. Auffallend ist dabei, dass in der Unter-/Arbeiterschicht der Faktor Geschlecht offenbar keine begünstigte Wirkung hat.

Das Bildungskapital, unter dem Stecher (ebd.) sowohl häusliche Lernumgebungen als auch das Abitur als Ausbildungstitel der Eltern versteht, wird auf der dritten Ebene wirksam. Besteht eine positiv-fördernde Lernumwelt in der unteren Mittelschicht, steigt der Anteil der Mädchen auf 69 Prozent, ist sie eher negativ, sinkt er auf 41 Prozent. Für die Jungen spielt die familiäre Lernumgebung – ob positiv oder negativ – in dieser Analyse offenbar keine förderliche Rolle im Hinblick auf den Gymnasiumsbesuch. Der Anteil bleibt stabil bei 20 Prozent.

Das Bildungskapital, verstanden als Abitur mindestens eines Elternteils, wird auch auf der dritten Ebene der Mittelschicht wirksam, aber lediglich selektiv. Während die Gymi-Beteiligung der Jungen grundsätzlich bei 38 Prozent stagniert, können Mädchen mit einem Elternteil, der über ein Abitur verfügt, von 71 Prozent auf 96 Prozent zulegen. Ist dies nicht der Fall, sinkt ihre Beteiligung auf 64 Prozent. In der oberen Mittelschicht sieht es etwas anders aus. Hier meistern Jungen den Übertritt ans Gymnasium erfolgreich, von 49 Prozent auf 63 Prozent, aber nur, wenn ein Elternteil über ein Abitur verfügt. Fehlt dies, sinkt der Anteil auf 34 Prozent. Bei den Mädchen spielt das Abitur der Eltern keine Rolle, der Anteil ihrer Gymnasiumsübertritte bleibt bei 80 Prozent.

Zusammenfassend macht die Stecher-Studie (ebd.) – ohne nähere Interpretationen zu vollziehen – die auffälligste Auswirkung auf einen erfolgreichen Über-

---

7   Diese Aufteilung entspricht auch dem Analyseansatz des SOCIUM Forschungszentrum Ungleichheit und Sozialpolitik; Sozialstruktur und soziale Lagen Datenreport 2021: https://www.destatis.de/DE/Service/Statistik-Campus/Datenreport/Downloads/datenreport-2021-kap-8.pdf?__blob=publicationFile (Abruf: am 23.05.2024).

tritt ans Gymnasium für die Gruppe der Mädchen der Mittelschicht deutlich. Hat ein Elternteil Abitur, steigt ihr Anteil von 71 Prozent auf 96 Prozent. Fast alle von ihnen besuchen somit das Gymnasium. Stecher bezeichnet dies als »größte Erfolgsstory« (ebd., S. 303).

Abbildung 1: Anteil der Gymnasiastinnen und Gymnasiasten in den Subgruppen, differenziert nach Herkunft, Geschlecht und familiärem Bildungskapital

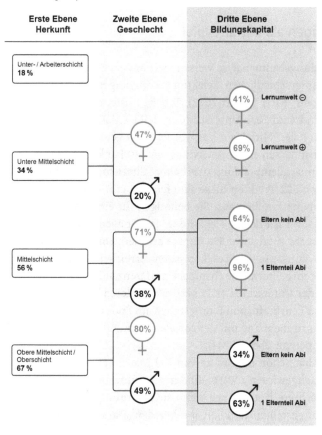

(Eigendarstellung auf der Grundlage von Zinnecker & Stecher, 2018, S. 302)

Mit Blick auf die Hürde Gymnasium sind somit drei Erkenntnisse dieser Entscheidungsbaumanalyse zentral:

- Je höher die soziale Herkunft und je besser die Bildung zumindest eines Elternteils, desto wahrscheinlicher schaffen es Kinder ans Gymnasium.
- Kindern aus der Unter-/Arbeiterschicht misslingt dieser Bildungsweg überdurchschnittlich deutlich. Besteht eine gute Lernumwelt, steht das Gymnasi-

um allenfalls den Mädchen der unteren Mittelschicht zur Verfügung, den Jungen aber nicht.

- Die Chancen fürs Gymnasium stehen für Mädchen dann am besten, wenn sie aus Mittel- und Oberschichtfamilien stammen und mindestens ein Elternteil das Abitur hat. Dann beträgt die Erfolgswahrscheinlichkeit sage und schreibe 96 Prozent. Man kann fast sagen, dass solche Mädchen kaum anders können, als das Gymnasium zu besuchen.

Lehrerempfehlungen als Lotteriespiel

Neben der Entscheidungsbaumanalyse weisen viele andere Studien die je nach sozialer Herkunft unterschiedlichen Selektionsbedingungen ins Gymnasium nach (Hopf & Edelstein, 2017; Terhart 2022). Tabelle 1 listet die Ergebnisse der Internationalen Grundschul-Lese-Untersuchung (IGLU, McElvany et al., 2023) auf[8]. Bei einem nationalen Mittelwert von 524 Punkten genügt für Kinder aus Familien oberer Dienstklassen eine Leseleistung von 510 Punkten, um von ihren Lehrkräften eine Gymnasialempfehlung zu erhalten. Eltern fordern jedoch schon bei einem Niveau von 502 Punkten diese Empfehlung ein. Ganz anders sieht es für Kinder aus Arbeiterfamilien aus. Sie benötigen für eine wahrscheinliche Gymnasialpräferenz ihrer Lehrkräfte 559 Punkte. Damit auch ihre Eltern davon überzeugt sind, muss ihr Kind sogar 596 Punkte erzielen. Somit müssen Arbeiterkinder eine um 94 Punkte höhere Lesekompetenz erreichen als Kinder oberer Dienstklassen, damit ihre Eltern eine Gymnasialpräferenz aussprechen. Bei den Lehrkräften beträgt der Unterschied 49 Punkte. Mit anderen Worten: Die Gymnasialpräferenzen der Lehrkräfte und Eltern stehen am Ende der Grundschule in einem deutlichen Zusammenhang mit der sozialen Herkunft der Kinder – auch bei gleicher Lesekompetenz (ebd., S. 244).

Fast Identisches hat schon die Studie von Kai Maaz, Franz Baeriswyl und Ulrich Trautwein nachgewiesen (2011). Kinder aus einfacheren Sozialschichten bekommen schlechtere Noten, auch wenn sie in Prüfungen gleich gut wie Kinder aus sozial gut gestellten Familien abschneiden. Darüber hinaus spielen Fleiß, Leistungsbereitschaft und gutes Verhalten eine Rolle. Dementsprechend wechseln verhaltensangepasste Schülerinnen und Schüler eher ans Gymnasium. Auch Markus Neuenschwander und Edith Niederbacher (2014; 2020) kamen in der Langzeitstudie »Familie-Schule-Beruf« (FASE B) zu einem noch differenzierteren Schluss: Zwar sind die Leistungen der Kinder stärker von den Erwartungen der

---

8   Es wurden als zentrale auf den Leistungsskalen so genannte Benchmarks – in den deutschsprachigen Staaten Kompetenzstufen genannt – festgesetzt, welche als zentrale Bezugspunkte dienen. Die vier Benchmarks teilen die Leistungsskala in fünf Abschnitte (Kompetenzstufen) ein. Der durchschnittliche Benchmark für Deutschland liegt bei 524 Punkten.

Tabelle 1: Notwendige Leistungen im Lesen für eine fünfzigprozentige Wahrscheinlichkeit für eine Gymnasialpräferenz von Lehrkräften respektive Eltern

Gruppen	Schwellenwert für eine Gymnasialempfehlung	
	Kinder aus oberen Dienstklassen	Kinder aus Arbeiterfamilien (un- resp. angelernt)
Eltern	502 Punkte	596 Punkte
Lehrkräfte	510 Punkte	559 Punkte

(McElvany et al., 2023, S. 244)

Eltern abhängig als von denjenigen der Lehrkräfte. Aber die Eltern beeinflussen die Lehrkräfte so, dass diese einem Kind von Eltern mit hohen Bildungserwartungen bei gleicher Leistung bessere Noten geben als einem Kind von Eltern mit tieferen Erwartungen.

Diese Situation bezeichnet Ewald Terhart (2022, o. S.) als eine Art »Lotteriespiel«, in dem immer die Gleichen gewinnen: Kinder aus gut situierten und bildungsaffinen Familien.

Die systematische Zufälligkeit des Bildungserfolgs

Variablen wie Herkunft, Geschlecht und familiäres Bildungskapital sind die zentralen Elemente, die aus dem Übertritt an das Gymnasium eine Hürde machen können. Dies ist ein deutlicher Beweis zur Demaskierung des Geredes vom meritokratischen Bildungssystem. Dass allein Leistung und Fleiß zählen, ist ein falscher und kein neuer Werterahmen. Schon Karl Heinz Ingenkamp hat das vor fast fünfzig Jahren herausgefunden (Ingenkamp, 1976). Untersuchungen zur systematischen Zufälligkeit des Bildungserfolgs von Winfried Kronig (2007; 2008; 2010) belegen, wie überfrachtet das Konzept der Schulnoten ist. Sie sollen individuelle Rückmeldung, Vergleich zu anderen, Prognose über die künftige Lernentwicklung, Motivationsinstrument und für einige sogar ein Mittel zur Herstellung von Disziplin sein. Dies gilt nicht nur für Noten, sondern ebenso für andere Bewertungsformate. Kronig (ebd.) nennt den Bildungserfolg deshalb ein »Produkt von Privilegien und Zufällen« (S. 227). Anhand folgender Beispiele belegt er, warum das meritokratische Prinzip nicht greifen kann:

- *Die Rolle der Mitschülerinnen und Mitschüler:* Zu den wohl spektakulärsten Verfälschungen kommt es durch einen Mechanismus, auf den Lehrerinnen und Lehrer kaum einwirken können. Er wird als Referenzgruppenfehler bezeichnet und ist im deutschen Sprachraum erstmals von Karlheinz Ingenkamp (1976) beschrieben worden. Gemeint ist damit folgender Sachverhalt: Weil sich Schulklassen im Leistungsspektrum enorm unterscheiden, führt dies zu enormen Verfälschungen, die aber von den Lehrpersonen kaum beeinflusst werden können. Gemäß Abbildung 2, die sich an Winfried Kronig (2007, S. 199) anlehnt, kann eine besonders leistungsstarke Schülerin in einer Klasse zu den Besten gehören, in einer anderen Klasse aber zu den Schwächsten. Doch Lehrkräfte können dieser Schülerin kaum eine tiefe Durchschnittsnote geben. Deshalb verwenden sie auch bei unterschiedlichster Leistungsfähigkeit der Klasse eine ähnliche Bandbreite auf der Bewertungsskala.

- *Wohnort und Quartier:* Es sind nicht nur lediglich die Noten oder die Schulklasse, welche die Schullaufbahn eines jungen Menschen kaum primär von seiner Leistungsfähigkeit abhängig machen. Auch der Wohnort spielt eine Rolle, das wird bei der Selektion mehr als deutlich. So müssen Jugendliche in einer bestimmten Region besser als vierzig Prozent der anderen in der Klasse sein, um der Zuteilung in eine Real- oder Hauptschulklasse zu entgehen, während in einer anderen Region bereits zehn Prozent reichen. Dies – so Kronig (ebd.) – ist mit pädagogischen Maßnahmen kaum aufzufangen, weshalb Lehrpersonen nicht dafür verantwortlich gemacht werden können. Vielmehr können sie manchmal gar nicht anders, als kritisierbare Noten zu vergeben.
- *Buchstaben, Kreuzchen, Lernberichte:* Das am wenigsten Erfreuliche an der Notengebung ist, dass Verzerrungen bei jeglicher Form der Leistungsbeurteilung wirksam werden – auch wenn Noten durch Alternativen ersetzt werden. Pädagogische Kosmetik nennt dies Kronig, d. h. »das Ersetzen von Noten durch Buchstaben, Kreuzchen, Wörter oder standardisierte Formulierungen bietet keinen wirksamen Schutz vor diesen Verzerrungen. Selbst oder gerade in Lernberichten können sie einen oftmals nicht wahrgenommenen Einfluss ausüben« (2015, o. S.). Solche Alternativen sind somit den gleichen Beurteilungsfehlern ausgesetzt wie traditionelle Noten. Es ist ein Irrtum, die Selektionsproblematik mit alternativen Instrumenten lösen zu wollen.
Trotzdem – so Kronig – kann eine verbalisierte Leistungsrückmeldung pädagogisch sinnvoll sein und wertvolle Informationen zum Förderbedarf liefern, wenn es um die Erreichung von Lernzielen geht und Selbst- sowie Fremdeinschätzung einander gegenübergestellt werden.

Dass dem Bildungserfolg eine systematische Zufälligkeit innewohnt, dürfte vielen Lehrkräften bewusst machen, wie selten gerechte Leistungsbeurteilungen sind – auch wenn sie sich selbst alle Mühe geben. Diese Tatsache ist zwar seit vielen Jahren Gegenstand der pädagogischen Ausbildung, doch geht sie in der angespannten Hektik des schulischen Alltags oft mit Achselzucken unter. Wie die Analyse von Ludwig Stecher (2018) zeigt, hat die soziale Herkunft den stärksten Einfluss. Solche Erkenntnisse sollten auf die Lehrerinnen- und Lehrerausbildung, genauso auf die Bildungspolitik, einen viel größeren Einfluss haben, als dies bis heute der Fall ist. Sie stellen traditionelle Selektionsentscheide in Frage. Darauf weist auch Daniel Hofstetters (2017) umfangreiche ethnographische

Abbildung 2: Der Referenzgruppenfehler am Beispiel von zwei real existierenden Schulklassen

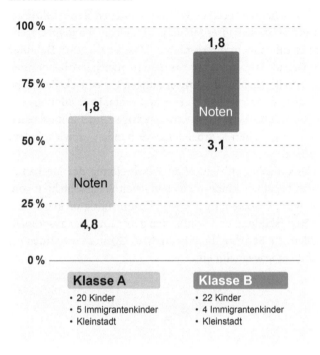

(in Anlehnung an Kronig, 2007, S. 199; Noten umgerechnet auf der Basis der Empfehlungen des International Office der Universität Potsdam)

Längsschnittstudie hin, die hinter die Kulissen von Aushandlungsprozessen zwischen Eltern und Lehrpersonen beim Selektionsprozess schaut und vorschnelle Annahmen über ein vermeintlich »gerechtes« Übertrittsverfahren demaskiert.

Mach doch eine Berufslehre!

Im Vergleich zu Kindern aus gut situierten Familien werden Arbeiterkinder deutlich seltener fürs Gymnasium empfohlen, selbst dann nicht, wenn sie Noten vorweisen, die dies längst zulassen würden. Dabei ist ein Muster am Werk, das kaum beachtet wird: die teils gezielte Ablenkung von intellektuell begabten Arbeiterkindern in Richtung Berufslehre, auch »Ablenkungsthese« genannt (Becker & Hecken, 2008; Becker & Schoch, 2018; Müller & Pollack, 2007). Und denjenigen, die sich trotzdem auf den Weg ans Gymnasium machen, wird oft mittels mentaler Überzeugungsversuche durch die Lehrkräfte davon abgeraten, im Sinne von »Mach doch etwas Richtiges!«.

Die Ablenkung in Richtung Berufslehre stößt bei vielen Arbeiterfamilien auf offene Ohren. Erstens empfinden manche der Väter und Mütter die schlechtere Beurteilung ihres Kindes nicht als ungerecht. Oftmals verstehen sie die Lehrkräfte als Professionelle, weshalb sie sich ihrer Meinung unterordnen und im Gegensatz zu wohlhabenden Familien nicht intervenieren (Maaz et al., 2011). Dahinter dürften auch rationale Gründe stecken. So ist das Geld in mancher Arbeiterfamilie knapp, weshalb finanzielle Ausbildungsaufwendungen für eine akademische Ausbildung kaum in Frage kommen. Ein kürzerer und rentablerer Bildungsweg verspricht mehr. Eine Berufslehre ist absehbar, mit niedrigen Ausbildungskosten und einem zukünftig relativ gesicherten Arbeitsplatz verbunden – sowie mit dem Verbleib im eigenen Milieu.

Zwar wird der Ablenkungsbegriff neutral als Beschreibung des Mechanismus verwendet, wonach begabten Kindern aus einfachen Sozialschichten vom Gymnasium abgeraten wird. Trotzdem ist der Begriff zum Politikum geworden. Zu sehr werden heute Berufsbildung und Gymnasien gegeneinander ausgespielt (Stamm, 2021b). Vor allem die Berufsbildung befürchtet, Gymnasien würden ihr leistungsstarke Auszubildende wegnehmen.

Kapitel 3: Bildungsaufstiege und ihre Geschichte

Intellektuell begabte Arbeiterkinder, denen der Weg von unten nach oben gelingt, sind beliebte Medienobjekte. Ihre Biografien lassen sich nicht nur bewundern, sondern ebenso mit dem salbungsvollen Schlagwort »Aufstieg durch Bildung« legitimieren. Das ist auch der rote Faden, der sich durch die Geschichte von Bildungsaufstiegen zieht und sich in fünf Phasen aufteilen lässt: in die Bildungsexpansion der sechziger und siebziger Jahre, die Entdeckung der begabten Arbeitertöchter der achtziger Jahre, das Aufkommen des Neoliberalismus und den damit verbundenen Rückgang des Interesses am Aufstiegsthema in den Neunzigern, in den Fokus auf benachteiligte Migrantenkinder als Folge des Pisa-Schocks im neuen Jahrtausend sowie in das aktuelle Interesse an Bildungsaufstiegen von Arbeiterkindern.

Von der Bildungskatastrophe zur Bildungsexpansion

Die erste große Bildungsdebatte der Nachkriegszeit knüpft an den Sputnikschock vom Oktober 1957 an, in dessen Gefolge Bildung zu einem wichtigen Faktor im Wettbewerb des Westens gegenüber dem Osten wurde. Unter Berufung auf Namen wie Georg Picht, Ralf Dahrendorf oder Hansgert Peisert konzentrierte sich das bildungspolitische Interesse nun auf den Ausbau der institutionellen Bildung und damit auf die Ausschöpfung der Begabtenreserven.

Diese drei Wissenschaftler konstatierten eine desolate Verfassung von Bildungssystem und Schulen, weshalb die Bildungsinvestitionen für eine internationale Konkurrenzfähigkeit nicht mehr ausreichen würden. Vor allem Georg Picht (1964) alarmierte die Westdeutschen mit seiner Botschaft, das Land würde ohne Ausschöpfung der Begabtenreserven eine »Bildungskatastrophe« und dadurch einen wirtschaftlichen Notstand erleben. Anderer Ansicht war der Philosoph Ralf Dahrendorf, der in der sozialen Auslese des Bildungswesens nicht vorrangig ein ökonomisches, sondern ein Gerechtigkeitsproblem sah. In seiner epochalen Streitschrift »Bildung ist Bürgerrecht« (1965b) bezeichnete er Deutschland als visionäre Gesellschaft und als modernes Land, das Menschen die intensivste Ausbildung ermöglichen sollte, zu der sie fähig sind. Der Staat müsse Bildung nicht nur erlauben, sondern sie ermöglichen und auch benachteiligte Gruppen fördern. In diesem Zusammenhang war Dahrendorf der erste Forscher, der auch die Frage der »Arbeiterkinder an deutschen Universitäten« (1965a) thematisierte. In dieser Publikation beschrieb er die geringe Repräsentation von

Arbeiterkindern an Hochschulen und betonte sowohl die fehlende »Bildungsfreundlichkeit der Arbeiterfamilie« als auch die fehlende »Arbeiterfreundlichkeit der Bildungseinrichtungen« (S. 15).

Die Debatte war bereits im Gang, als der Soziologe Peisert (1967) die Metapher »des katholischen Arbeitermädchens vom Land« postulierte. In der Folge avancierte diese berühmte Kunstfigur zum Symbol und zum Maßstab für Bildungsbenachteiligung schlechthin. Die Ausschöpfung der Begabtenreserven konzentrierte sich nun auf die in dieser Metapher erwähnten vier diskriminierten Gruppen – Mädchen, Arbeiterkinder, Angehörige der katholischen Religion sowie ländlicher Gebiete. Der Mensch solle nicht länger sein, als was er geboren wurde, sondern er solle werden, was er kann.

Die Forschung konzentrierte sich in der Folge zunehmend auf Arbeiterkinder an Universitäten. Dabei ging es in erster Linie um psychologische Erklärungsmuster wie Identitätskrisen oder die Entfremdung gegenüber der Familie, die als Preis für den Aufstiegserfolg betrachtet wurden[9]. Allerdings führten die Forschungsarbeiten der beiden Franzosen Raymond Boudon und Pierre Bourdieus zu einer Abkehr vom Fokus auf das Individuum hin zur Bedeutung von Bildungssystem und elterlichen Bildungsentscheidungen. Pierre Bourdieu (1971) postulierte gleiche Chancen für Heranwachsende als Illusion und bezeichnete den Habitus als Passungsproblem, d. h. als Angleichungszwang benachteiligter Kinder an die gut situierten oberen Milieus. Boudon (1974) wiederum erachtete die zwischen Sozialschichten variierenden elterlichen Bildungsentscheidungen als ausschlaggebend für die Genese und Dauerhaftigkeit von Bildungsungleichheiten. Ins Zentrum stellte er den sozialen Mechanismus familiärer Kosten-Nutzen-Abwägung von Bildungsinvestitionen.

Aufstiege von Arbeitertöchtern

Im Verlaufe der achtziger Jahre verschob sich die Aufmerksamkeit von der sozialen Herkunft auf das Geschlecht, genauer: auf Mädchen und junge Frauen aus Arbeiterfamilien, auf ihren akademischen Werdegang und die damit verbundenen Hürden respektive Problembewältigungen. Junge Männer blieben eher außen vor (Haeberlin & Niklaus, 1978). Eine Ausnahme bildet die qualitative Studie von Erika Haas (1999), die geschlechter- und milieuvergleichend Arbeitertöchter und -söhne sowie Akademikertöchter und -söhne untersuchte, die über den direkten Weg an die Universität gekommen waren.

---

9   Bücher mit Buchtiteln wie »Ich gehörte irgendwie so nirgends hin ...« (Bublitz, 1980) oder »Vielleicht wär ich als Verkäuferin glücklicher geworden« (Theling, 1986) zeigen eindrücklich die Richtung der damaligen Argumentationen.

Diese einseitige Perspektive auf das weibliche Geschlecht stand im Zusammenhang mit dem von den amerikanischen *gender studies* inspirierten Versuch, die Gleichberechtigung der Frauen in allen Bereichen zu etablieren (Bowles, 1984). Bildungsaufstiege des weiblichen Geschlechts wurden nicht mehr pathologisiert und als Verursacher von Identitätskrisen bezeichnet, sondern vor allem aus einer ressourcenorientierten und bewältigungsspezifischen Sichtweise betrachtet (Brendel, 1998; Schlüter, 1999; Streek, 1981).

Mit Blick auf das Gymnasium standen nun elterliche Aspirationen im Vordergrund (»Unsere Tochter soll es einmal besser haben«) oder Lehrkräfte, welche die Eltern für den gymnasialen Weg ihrer Tochter überredeten. Die Rolle der Mutter wurde dabei als besonders einflussreich und unterstützend beschrieben (Bublitz, 1980; Ortmann, 1981). Thematisiert wurden aber auch Entfremdungserfahrungen von der Herkunftsfamilie, Diskriminierungserlebnisse am Gymnasium oder ein Dasein als Außenseiterin. Insgesamt zeugt die Forschung in dieser Zeitspanne davon, wie die feministischen Bewegungen zumindest ansatzweise mithalfen, die traditionellen Vorstellungen über die Rollentrennung der Geschlechter aufzuweichen, die insbesondere Mädchen aus unterprivilegierten Milieus am Besuch des Gymnasiums hinderten.

Der Neoliberalismus als Bremspedal

Das Interesse an Chancengleichheit und Bildungsaufstiegen, vor allem an der doppelt benachteiligten Arbeitertochter durch Herkunft und Geschlecht, flachte in den 1990er Jahren ab und wurde aufgrund fehlender öffentlicher Debatten an die Peripherie gedrängt. Im Zuge des aufkommenden Neoliberalismus gewann die Steuerung des Bildungssystems sowie die Frage nach dem Zusammenhang von Staat und Markt Oberhand. Exemplarisch dafür waren die Thatcher- und Reagan-Ära mit ihrem Credo, die staatliche Bildungsversorgung könne der Dynamik gesellschaftlicher Wissensproduktion nicht nachkommen und sie auch nicht stimulieren. Deshalb sei das System zu deregulieren und zu liberalisieren. Was bisher im ökonomischen Bereich angesiedelt war, wurde nun auf den Bildungsbereich übertragen. Bildung wurde zu einer Art »Handelsware«.

Die neoliberale Bildungsdiagnose besagt, dass das meritokratische Modell nicht greifen kann und dies am Staat selbst liegt, weil er zu sehr in die Mechanismen des freien Leistungswettbewerbs eingegriffen hat (Solga, 2013). Deshalb wurden auch in den deutschsprachigen Staaten ab den neunziger Jahren die Mechanismen der staatlichen Bildungspolitik dereguliert und der Wettbewerbsdruck auf Schulen erhöht. Es entstand ein wettbewerblicher Individualismus, der auf Unabhängigkeit und Selbstverantwortung setzte.

Auch seit der Jahrtausendwende beruft sich die Bildungspolitik nach wie vor auf das meritokratische Ideal der Leistungsgerechtigkeit mit der Botschaft, dass sich alle, die wollen, einen angemessenen Platz im freien Leistungswettbewerb der hierarchisch organisierten Bildungslandschaft erarbeiten können. Das Individuum müsse nur seine Chancen packen und verwirklichen. Der Slogan der »verantworteten Elternschaft« ist zur Leitidee geworden. Sie besagt, dass Kinder beim Aufwachsen intensiv begleitet werden und nicht von allein erwachsen werden müssen (Vandenbeld Giles, 2014). Dieser Leitidee haben sich vor allem gut situierte Familien verschrieben. In einer mehr denn je unsicher gewordenen Welt versuchen sie mit Blick auf die Schullaufbahn ihrer Kinder, richtige Entscheidungen zu treffen. Dies beinhaltet auch, deren Potenzial und Fähigkeiten mittels privater Förderressourcen zu optimieren.

Sozial einfach gestellte Familien sind dazu nicht in der Lage und oft auch nicht willens, die Kinder von sich aus spezifisch zu fördern. Darum besuchen sie deutlich seltener Kitas und vor allem kaum solche, die sich explizit frühkindlichen Förderbemühungen verschreiben. Das hat zur Folge, dass diese Kinder nicht nur schlechtere Startbedingungen im Schulsystem haben, sondern auch entsprechend etikettiert werden. Gemäß ihrer sozialen Herkunft werden sie in ihrer Schullaufbahn schrittweise in weniger anspruchsvolle Bildungsgänge einsortiert. Ganz anders sieht es für Kinder aus gut situierten Familien aus. Sie werden um ein vielfaches häufiger dem Gymnasium zugeteilt, auch dann, wenn ihre Fähigkeiten eigentlich nicht dafür sprechen würden. Dies ist bis heute so geblieben. Diese Problematik beschreibe ich in meinem Buch »Angepasst, strebsam, unglücklich: Die Folgen der Hochleistungsgesellschaft für unsere Kinder (2022).

Erfolgreiche Migrantenkinder

Ab der Jahrtausendwende läuteten die internationalen Pisa-Studien eine neue Strategie in der Bildungspolitik ein. Ihr Ziel ist auch heute noch die Erfassung der grundlegenden Kompetenzen Jugendlicher, die sie zur aktiven gesellschaftlichen Partizipation befähigen und zur Entwicklung des Humankapitals beitragen können. Besonders wichtig wurden die Rangordnungen der Staaten in den erhobenen Leistungen, die fast ein wenig an olympische Medaillenspiegel erinnern. Dahinter steckt ein riesiger und aufwändiger Legitimationsapparat.

Die Ergebnisse der ersten Studie lösten im Jahr 2000 einen »Pisa-Schock« aus (Loeber & Scholz, 2003). Zum einen belegten sie die Mittelmäßigkeit der Leistungen 15-jähriger im Vergleich zu denjenigen in nicht deutschsprachigen Staaten. Zum anderen wurde deutlich, dass Schulen so wenig wie nirgendwo sonst dazu beitragen, Kindern aus Migrantenfamilien zu guten Leistungen zu verhelfen und den Schulerfolg von der sozialen Herkunft zu entkoppeln. Damit zerstörten Pisa und auch andere internationale Leistungsvergleichsstudien die Annahme, unsere Bildungssysteme seien in der Herstellung gleicher Chancen für Jugendliche mit Migrationshintergrund erfolgreich geworden. Fast über Nacht stand nun wieder das Thema Chancengleichheit im Zentrum des bildungspolitischen Interesses, das zur Basis für eine neue Aufstiegsforschung wurde. Die »bildungsfernen Aufsteiger aus benachteiligten Milieus« standen neu im Mittelpunkt. Themen waren die Entfremdung von der Herkunft, zwischen zwei Kulturen leben, Gefühle wie Isolation, Einsamkeit, Abwertung und Minderwertigkeit.

Doch nach einer Phase des stereotypen Blicks auf leistungsschwache junge Menschen aus Migrantenfamilien änderte sich die Perspektive zumindest teilweise in Richtung einer ressourcenorientierten Sichtweise. Leistungsstarke Migrantinnen und Migranten standen nun vermehrt im Zentrum. Dazu gehören insbesondere qualitative Studien (Badawia, 2002; Behrensen & Westphal, 2009; Boos-Nünning & Karakaşoğlu, 2005; Farrokhzad, 2008; Hummrich, 2002; Pott, 2006; Raiser, 2007; Sievers, Griese & Schulte, 2010; Tepecik, 2011) sowie die quantitative TASD-Studie von Kamuran Sezer und Nilgün Dağlar (2008) zu türkischen Akademikern und Studierenden in Deutschland. Besonders zu erwähnen ist Aladin El-Mafaalanis (2012) kontrastierende qualitative Vergleichsstudie zwischen Bildungsaufsteigenden mit und ohne Migrationshintergrund. Unsere quantitative Untersuchung zu erfolgreichen Migrantinnen und Migranten beleuchtet darüber hinaus erstmals die Situation in der Berufsbildung (Stamm et al., 2014).

Arbeiterkinder am Gymnasium

Während die ethnische Zugehörigkeit als Einflussfaktor auf Bildungschancen und -aufstiege inzwischen gut erforscht und der Wissensstand über solche Menschen beachtlich ist, sind Kinder und junge Menschen aus einheimischen Arbeiterfamilien lange Zeit kaum thematisiert worden. Es brauchte zuerst ein paar neue Bücher und Texte (Urbatsch, 2011; Maurer, 2015) sowie die Initiative arbeiterkind.de, damit das Thema die nötige Beachtung fand. In neuester Zeit sind sowohl in Deutschland als auch in der Schweiz und Österreich entsprechende Studien entstanden (Aumaier & Theissl, 2023; Neuenschwander et al., 2022; Reuter et al., 2020; Soremski, 2017; Stamm, 2019).

Trotz der Aktualität des Themas stehen fast immer Bildungsaufstiege auf dem Weg an die Hochschulen im Mittelpunkt. Die wesentlichste Hürde von unten nach oben, das Gymnasium, ist bisher kaum beforscht. Deshalb sind Fragen unbeantwortet geblieben, warum vielen von ihnen trotz Begabung und akademischen Interessen dieser Schritt nicht gelingt. Oder aus der Perspektive unserer Forschungsstudie formuliert: Was braucht es, damit kluge Arbeiterkinder die Hürde Gymnasium überwinden können?

II Aufstiegsangst

Kapitel 4: Schuster, bleib bei deinem Leisten

Während in manchen gut situierten Familien gemäß Heinz Bude (2011) Abstiegsangst und Bildungspanik dominieren, sind in einfach gestellten Familien eher Aufstiegsangst und Bildungsskepsis verbreitet. Bei der Suche nach Erklärungen, warum solche Perspektiven vom sozialen Status der Eltern abhängig sind, gibt es zwar Antworten, die sich etwa auf die unterschiedlichen Bildungsentscheidungen nach Raymond Boudon konzentrieren (Maaz et al., 2009). Aber mit Blick auf Arbeiterfamilien ist der vielleicht wichtigste Faktor bisher außen vor geblieben: die Aufstiegsangst. Dass wenige der Arbeiterkinder den Übertritt ans Gymnasium wagen und schaffen, hat auch mit diesem Phänomen zu tun.

Aufstiegsangst ist ein relativ unbekanntes Thema (Schindler, 2012). Und wenn es einmal angesprochen wird, steht fast ausschließlich das Unvermögen der Schulen zur Diskussion. Argumentiert wird zu Recht, die Schulen müssten nun endlich Kinder aus einfachen Verhältnissen in ihrem Selbstbewusstsein stärken und ihre Potenziale erkennen. Und sie sollten sozial benachteiligende, d. h. ungerechte Bewertungen der Leistungen ihrer Schülerinnen und Schüler reflektieren und ändern (Betz, 2015; Terhart, 2022). Dies hat seine Richtigkeit, doch die Perspektive ist etwas einseitig. Sie nimmt die Familien und ihre Sichtweisen zu wenig in den Blick.

Aufstiegsangst ist vor allem deshalb eine vernachlässigte Thematik, weil sie in erster Linie als individuelles Problem gilt. Manchmal heißt es, Heranwachsende müssten den Bildungsaufstieg wollen. Wäre dem so, würden Ängste außen vor bleiben. Diese verbreitete Meinung ist zu einfach. Die komplizierte Interaktion von Faktoren wie Erziehungs- und Unterrichtsstile und Befürchtungen, das Kind würde am Gymnasium überfordert oder könnte der Familie gegenüber überheblich werden, führen nicht selten zu diffusen Aufstiegsängsten. Das Sprichwort »Schuster, bleib bei deinem Leisten« wird dann zu einer verdeckten Leitidee, wenn es um das Selbstverständnis von Erwachsenen geht. Kinder sollen nichts tun, was sie nicht verstehen und keinen Weg einschlagen, den sie nicht mit Sicherheit meistern können. Solche Ängste wurden bisher vor allem für Migrantinnen und Migranten beschrieben (Stamm et al., 2014). Doch genauso sind sie bei einheimischen Arbeiterkindern anzutreffen, obwohl ihre inneren Spannungen und Zweifel bei gleichzeitig niedrigen Erfolgserwartungen der Familie anders gelagert sind.

In diesem Kapitel geht es um die verschiedenen Facetten von Aufstiegsangst und ihre Verbindung zur Familie, um Erziehungsstile von Arbeiterfamilien, um die Folgen ihrer Bildungsentscheidungen sowie um das familiäre Bedürfnis, dass das Kind auf dem Boden bleiben solle.

Hintergründe von Aufstiegsangst

Aufstiegsangst gehört zur subjektiven Realität mancher begabter junger Menschen aus einfachen Verhältnissen. Sie ist gekennzeichnet durch Versagensängste, Selbstzweifel und innere Zerrissenheit, nie ganz dort anzukommen, wohin man möchte, sondern immer »zwischen den beiden Welten« festzuhängen.

Wie kommt es dazu? Zwei Faktoren sind ausschlaggebend. Zum einen sind es Erziehung und Sozialisation. Schon recht früh können Kinder – allerdings meist solche aus gut situierten Familien – bestimmte Interessen und Fähigkeiten entwickeln, die sie als begabt oder smart erscheinen lassen. Arbeiterkinder müssen sich mehr oder weniger alles selbst erarbeiten. Zwar freuen sich manche sozial einfach gestellten Eltern über ihr fleißiges, neugieriges und hartnäckig dranbleibendes Kind und seine guten Noten. Doch oft können sie nicht recht nachvollziehen, weshalb es an akademischen Inhalten derart interessiert ist, weil dies in der Familie eher unüblich ist. Auch die Forschung belegt, dass Kinder aus solchen Familien tendenziell unterschätzt, diejenigen aus gut situierten Milieus hingegen eher überschätzt werden (Neuenschwander, 2020; Neuenschwander & Niederbacher, 2014; Stamm, 2016a; Stern, 2019[10]). Dies hat zur Folge, dass manche Kinder aus einfachen Familienverhältnissen eher wenig Vertrauen in ihre Fähigkeiten entwickeln.

Doch *die* benachteiligte Familie gibt es nicht. Vielmehr sind die Unterschiede zwischen Familien relativ groß. Da sind beispielsweise Eltern, die stolz sind auf ihr Kind und seinen Weg ans Gymnasium unterstützen. Oft handelt es sich um gewerkschaftlich organisierte, bildungsbewusste Väter und Mütter oder um solche, welche den Wert von Bildung besonders hoch gewichten. Am anderen Ende der Skala sind Eltern, die den gymnasialen Weg grundsätzlich ablehnen und eher wünschen, der Sohn möge eine Berufslehre als Hochbauzeichner absolvieren und nicht später noch an einer Technischen Universität Architektur studieren.

Manchmal sind derartige Einstellungen auch mit familiären Bedenken verbunden, das Kind könnte sich vom eigenen Milieu distanzieren. Tatsächlich nehmen Arbeiterkinder meist erst im Gymnasium Unterschiede zu Gleichaltrigen aus besser situierten Familien wahr. Und nicht selten hat dies Bedenken und Aufstiegsängste zur Folge. Alles, was in der Kindheit als wertvoll und gut galt, kann mit dem Wechsel ans Gymnasium eine gegenteilige Bedeutung bekommen.

Selbstverständlich wäre es falsch, das Gymnasium nur für Kinder aus einfachen Verhältnissen als Hürde zu bezeichnen. Es ist genauso für Heranwachsende aus gut situierten Familien eine Herausforderung und eine neue Welt. Und für alle fällt der Übertritt in eine meist nicht einfache (vor-)pubertäre Phase. In dieser

---

10 https://ethz.ch/content/dam/ethz/special-interest/gess/ifv/professur-lehr-und-lernforschung/Medien/Interveriw_Stern_Sonntagszeitung_31.3.2019.pdf (Abfrage: am 23.05.2024).

Zeit nimmt der Einfluss der Familie eher ab und die Rebellion eher zu. Dies wiederum hat zur Folge, dass die Peers handlungsleitender und identitätsstiftender werden.

Trotzdem haben Arbeiterkinder deutlich schwierigere Bedingungen, weil sie gewissermaßen zwischen den Stühlen sitzen. Anders als Kinder aus gut gebildeten Familien haben sie niemanden, der ihnen die Spielregeln der akademischen Wege erklärt. Das Gymnasium wird deshalb zu einer ungewohnten Horizonterweiterung. Erstmals stellen Arbeiterkinder fest, dass es nicht mehr nur um den blanken Erfolgswillen geht, um Ehrgeiz oder Fleiß, sondern genauso um den Habitus. Mit dem Eintritt ins Gymnasium müssen manche erstmals ihr Weltbild in Frage stellen.

Die »feinen« Unterschiede zwischen den Erziehungsstilen

Die ersten sozialen Erfahrungen macht das Kind in der Familie, von der es auch grundlegend geprägt wird. Obwohl viele Kinder heute eine Kita besuchen oder von einer Tagesfamilie betreut werden, ist ihr Leben zunächst weitgehend ein Abbild des Lebens der Eltern. Die Sozialisation ist durch familiäre Einstellungen und Erziehungsstile geprägt, wobei die familienexterne Betreuung diese Sozialisation verstärken oder relativieren kann. Doch zwischen den Praxen von Mittelschichtfamilien und solchen einfacher Sozialschichten gibt es »feine« Unterschiede, wie sie Pierre Bourdieu in seinem gleichnamigen Werk 1987 beschrieben hat. Zum einen ist es der Bildungsstand der Eltern, der über Erziehungsstil, Anregungsgehalt und private Förderung die Kompetenzen der Kinder beeinflusst. Zum anderen agieren gut gebildete Väter und Mütter gezielt, indem sie ihre Kinder schon früh in ambitionierten Kitas fördern lassen und auch systematisch von sportlichen, musisch-künstlerischen, intellektuellen und schulvorbereitenden Angeboten Gebrauch machen. Bereits beim Eintritt in den Bildungsraum sind die durchschnittlichen Leistungen solcher Kinder besser als derjenigen aus einfach gestellten Familien. Zudem treten manche gut situierten Eltern schon früh gegenüber Lehrpersonen selbstbewusst auf und sind relativ schnell bereit, Beschwerden einzulegen, wenn das Kind nicht entsprechend ihren Vorstellungen gefördert oder beurteilt wird. Dies kann zur Folge haben, dass Lehrkräfte dazu tendieren, bessere Noten zu erteilen als eigentlich angemessen wäre (Hofstetter, 2017).

Dieser Erziehungs- und Bildungsstil – Anne Lareau und Anne Cox (2011) nennen ihn »*concerted cultivation*«, also zu Deutsch die konzertierte Kultivierung – stellt sicher, dass der Bildungsrucksack des Nachwuchses gut gepackt ist. Auf der Basis eines detaillierten Wissens über die Standards der Bildungsinstitutionen setzen Investitionsstrategien planvoll ein, die sich mit den Bildungsidealen der Schule decken (Lareau, 2015). Zur kindlichen Potenzialentfaltung gehören auch Auslandaufenthalte in den Ferien. Neben elaborierteren Fremdsprachenkenntnissen erwerben Söhne und Töchter auch selbstbewusste(re)s Auftreten oder bessere verbale Kommunikationsfähigkeiten. Solche Auslandaufenthalte sichern dem Nachwuchs bildungsrelevante Vorteile. Auch darum können sich Heranwachsenden dank Elternunterstützung besser behaupten.

Solche Möglichkeiten stehen Arbeitereltern kaum offen. Ihnen fehlt meist nicht nur strategisches Bildungswissen, sondern auch die ökonomische Ausstattung. Deshalb werden ihre Kinder anders sozialisiert. Väter und Mütter orientieren sich stärker an einem Notwendigkeitsdenken, d. h. dass ihre Kinder ausbildungsmäßig das tun, was etwas bringt und nicht zu viel kostet. Eltern verfolgen eher die Idee des Wachsenlassens, weshalb sie den Nachwuchs die Freizeit vor allem im natürlichen Umfeld der Nachbarschaft im Freien verbringen lassen, oft unbeaufsichtigt in altersgemischten Gruppen. Gleichzeitig pflegen sie einen eher auf traditionelle Konventionen und Gehorsam beruhenden, aber weniger auf Verhandlung ausgerichteten Erziehungsstil. Eigene ungünstige schulische Erfahrungen können zudem zu geringeren Interessen an schulischen Angelegenheiten und am Wissenserwerb führen. Folgt man Lareau und Cox (ebd.), hat die Mehrheit von ihnen kaum hohe Erwartungen an die schulischen Leistungen des Kindes. Sobald sich durchschnittliche oder schlechte Noten einstellen, werden sie hilflos, weil es ihnen sowohl an fachlichem Knowhow als auch an Finanzen für Unterstützungsleistungen fehlt. Manchmal entwickeln sie sogar eine autoritäre Gegenkultur, indem sie das Kind für mangelhafte schulische Leistungen bestrafen. Weil sie keine vergleichbare Bildungserwartungen wie Gutsituierte haben, passen sie sich im Gespräch den Meinungen der Lehrkräfte an – auch dann, wenn sie vielleicht eine Zuteilung ihres Kindes in eine anspruchsvolleres Niveau wünschen würden.

Verwertbarkeit der Ausbildung als oberstes Ziel

Fast alle Eltern wollen das Beste für ihren Nachwuchs und hegen Zukunftsvorstellungen und Lebenspläne für die Kinder. Doch was sie jeweils als das Beste erachten, unterscheidet sich und ist auch der Grund für unterschiedliche familiäre Bildungsentscheidungen, die in der Forschung als sekundäre Herkunftseffekte populär geworden sind (Maaz et al., 2009; Blossfeld et al., 2019). Sie gelten als wesentliche Hürden dafür, dass Kinder aus einfachen Sozialschichten trotz sehr guten Leistungen mit geringerer Wahrscheinlichkeit ans Gymnasium übertreten.

Je nach sozialer Schicht fallen Bildungsentscheidungen unterschiedlich aus. Privilegiert aufwachsende Kinder werden anspruchsvolleren und kostspieligeren Bildungswegen zugewiesen, auch wenn sie sich in den Leistungen nicht von Kindern aus einfachen Verhältnissen unterscheiden. Zentral sind dabei keinesfalls nur die Empfehlungen und Beurteilungspraxen der Schulen, sondern auch das Verhalten der Elternhäuser.

Warum ist dem so? Tabelle 2 verdeutlicht die Differenzen zwischen Familien höherer und niedrigerer Sozialschichten. Dabei handelt es sich um starke Vereinfachungen, denn in der Praxis sind viele Mischformen anzutreffen (Gofen, 2009).

Tabelle 2: Unterschiedliche Bildungsentscheidungen nach Sozialschicht

Familien höherer Sozialschichten	Familien niedrigerer Sozialschichten
Hohe Bildungsmotivation und -beflissenheit hohes Prestige des Gymnasiums	Notwendigkeitsdenken
Früher Entscheid zu Gunsten des Gymnasiums	Frühe Skepsis gegenüber dem Gymnasium
Genaue Begleitung und Kontrolle von Leistungen und Schullaufbahn	Lockere oder keine Begleitung von Leistungen und Schullaufbahn
Verständnis der Lehrkräfte als Zudienende	Verständnis der Lehrkräfte als Professionelle
Tendenzielle Überschätzung des Nachwuchses Riskantere Schulentscheidungen	Tendenzielle Unterschätzung des Nachwuchses Bewahrende Schulentscheidungen
Reaktionen auf Leistungsdefizite: Affinität für Beschwerden, private finanzielle Investitionen	Reaktionen auf Leistungsdefizite: Hilflosigkeit wegen fehlendem schulischem Knowhow und ökonomischem Kapital

Geht es ums Gymnasium, verfügen gebildete Väter und Mütter über eine höhere Bildungsmotivation und -beflissenheit, fürchten sich kaum vor Investitionsrisiken und gewichten im Vergleich zu Familien niedrigerer Sozialschichten das Sozialprestige höher. Stehen die hohen Ambitionen nicht im Verhältnis zu den Fähigkeiten des Kindes, sind sie bereit, auch riskante Entscheidungen zu treffen. Und diese Entscheidungen fällen sie schon früh, durchschnittlich bereits in der vierten oder fünften Klasse der Grundschule (Fend, 2014; Neuenschwander, 2013). Für einfach gestellte Familien gilt Umgekehrtes. Sie empfinden die schlechtere Beurteilung ihres Kindes nicht als ungerecht, weil sie den Lehrkräften als Professionelle vertrauen. Zudem kennen sie das Gymnasium nicht aus eigener Erfahrung, schätzen die Zugangshürden als sehr hoch und den Mehrwert als nicht besonders groß ein, erachten hingegen ein frühes Einkommen des Kindes als wichtig. Deshalb soll es eine Berufslehre absolvieren, relativ schnell eigenes Geld verdienen und selbständig werden. Diese deutliche Skepsis gegenüber akademischer Bildung bezeichnet Aladin El-Mafaalani (2014) als »Habitus der Notwendigkeit«, d. h. als Verhalten, das sich an der Verwertbarkeit der Ausbildung orientiert. Bildung wird nur dann als sinnvoll erachtet, wenn sie nützlich ist Wofür man etwas macht, ob es »etwas bringt«, welcher konkrete Sinn dahintersteckt – das sind Hauptfragen, wenn es um die Berufswahl geht. Darum hat das Gymnasium in einfachen Sozialmilieus oft schlechtere Karten. Nicht wenige Eltern nehmen die Distanz zum Gymnasium als naturgegeben hin.

Am Boden bleiben

In Arbeiterfamilien ist die Meinung verbreitet, das Kind solle nicht »abheben«, sondern »auf dem Boden« bleiben (Beispiele in Maurer, 2015; Schmitt, 2020; Urbatsch, 2011). Empfiehlt die Lehrerin den Sohn oder die Tochter fürs Gymnasium, sorgen sich manche Kinder, den Eltern Kummer zu bereiten. Gleichzeitig haben sie Bedenken, es trotz intellektueller Neugier und hoher Leistungsfähigkeit nicht zu schaffen oder nicht in die neue Umgebung des Gymnasiums zu passen. Im Unterschied zu Akademikerkindern, für die das Gymnasium zwar ebenso eine Herausforderung ist, das Milieu aber dem häuslichen Umfeld entspricht, müssen sich Arbeiterkinder auf sich selbst gestellt ins neue Umfeld hineintasten.

Solche »Passungsprobleme« (Alheit, 2005) sind eine wesentliche Basis für die Entstehung von Aufstiegsängsten. Um mit ihnen umzugehen und mutig den Schritt ans Gymnasium zu wagen, brauchen solche Kinder eine Balance zwischen Sicherheit und Autonomie, zwischen Anerkennung vom Umfeld und dem Vertrauen in die eigenen Fähigkeiten. Darum stehen nicht lediglich gute Noten im Zentrum, sondern genauso die Bestätigung durch Lehrkräfte, Peers und Drittpersonen. Doch gibt es auch solche, die auf die eigenen Fähigkeiten setzen und an eine erfolgreiche Zukunft glauben. Wahrscheinlich sind sie mit einem guten Selbstbewusstsein ausgerüstet. Darauf verweist auch die Resilienzforschung, wonach Kinder bei familiär bedingten Bremswirkungen ein gewisses Maß an »Bildungsresilienz« (Kustor-Hüttl, 2011) entwickeln und den akademischen Weg trotz allem einzuschlagen. Dazu gehört die Überzeugung, eigenständig den Weg verfolgen und die mit einem Bildungsaufstieg verbundenen Risiken meistern zu können. Darum dürften diejenigen jungen Menschen Vorteile haben, die in der Lage sind, Bildungsresilienz zu entwickeln. Dies ist aber nur die eine Seite der Medaille, die andere Seite ist die Frage, ob das Gymnasium auch ein Ort wird, an dem eine solche Resilienz tatsächlich gelebt werden kann.

Kapitel 5: Fehl am Platz?

Junge Menschen aus einfachen Sozialschichten, die es ans Gymnasium schaffen, sind aussagekräftige Abweichungen von der Norm. Um ihren Weg dorthin zu verstehen und zu interpretieren, braucht es allerdings nicht nur einen Blick auf unterstützende oder hinderliche schulische Bedingungen, sondern genauso auf die subjektive Realität des Aufwachsens. Diese ist geprägt durch schwierige, manchmal schmerzliche Erfahrungen und keinesfalls nur durch positive Gefühle gegenüber Erwachsenen, Vorbildern oder Personen mit Mentoratsfunktion. Ängste, sich im Gymnasium fehl am Platz zu fühlen, sind mancherorts nachzulesen, z. B. in den Texten von Chantal Jaquet (»Zwischen den Klassen«, 2018), Didier Eribon (»Rückkehr nach Reims«, 2016), Annie Ernaux (»Das bessere Leben«, 1988). James David Vance (»Hillbilly Elegy«, 2016) oder in den Bildungsromanen von Stendhal (»Rot und Schwarz«, 2004) respektiv von Éduard Louis (»Das Ende von Eddy«, 2014), einem ehemaligen Studenten von Didier Eribon. Ihre Ausführungen haben eine Gemeinsamkeit: Sie berichten über Versagensängste wegen der eigenen Herkunft, über eine gewisse Herkunftsscham oder -wut, über ihren oft ausgeprägten Willen und ihren enormen Wissensdurst (siehe auch Bourdieu, 2003).

Übertragen auf einen erfolgreichen Weg ans Gymnasium ist anzunehmen, dass begabte Arbeiterkinder viele Hoffnungen freisetzen, gleichzeitig aber Aufstiegsängste entwickeln, es doch nicht zu schaffen, irgendwo zwischen dem Unten und dem Oben hängen zu bleiben. Darum empfinden nicht wenige den Übertritt ans Gymnasium als Wagnis. Sie spüren, dass ihnen im Vergleich zu Peers aus gut situierten Familien bestimmte Verhaltensmechanismen fehlen, um Anerkennung gewinnen und Fremdheitsgefühle überwinden zu können (vgl. Bohnsack, 2003).

Das Gymnasium als Wagnis

Fast alle Kinder, die ans Gymnasium übertreten, haben Umstellungsprobleme und müssen mehr oder weniger große Anpassungsleistungen erbringen. Für Kinder aus Akademikerfamilien kann es eine belastende Hypothek sein, den von den Eltern als selbstverständlich erachteten Weg beschreiten zu müssen, um zumindest das Gleiche wie sie zu erreichen. Arbeiterkinder sind in der Regel unbelasteter, weil sie Neuland betreten und sich im Falle des Scheiterns auf ihre soziale Benachteiligung berufen können. Doch die Herausforderung ist eine besondere. Sie bekommen nicht denselben Rückhalt und haben deshalb viel Selbständigkeit zu beweisen, wenn Förderressourcen fehlen – auch solche emotionaler oder finanzieller Art.

Nicht wenige Arbeiterfamilien verfolgen den Weg ans Gymnasium als Schritt in eine fremde Welt skeptisch. Für ihr Kind ist er alles andere als eine Selbstverständlichkeit. Im Gymnasium lernen solche Kinder schnell, wie sehr die Mentalität der bildungsprivilegierten Schicht das unausgesprochene Maß der Dinge ist. Noch in der Grundschule waren sie vorwiegend mit Kindern zusammen, die ähnlich lebten und dachten. Deshalb waren sie sich gewohnt, dass ihr Verhalten sowie die bescheidene bis fehlende familiäre Unterstützung in schulischen Dingen normal war. Im Gymnasium wirkt die neue Bezugsgruppe wie ein Maßstab, an dem die eigenen Fähigkeiten und Möglichkeiten gemessen werden. Arbeiterkinder merken schnell, dass sie noch kaum einmal mit den Eltern im Theater waren oder als »normal« geltende Begriffe nicht kennen – so wie das nachfolgend aufgeführte Beispiel von Petra zeigt. Sie hatte Goethes »Faust« mit einem Film von Burt Lancaster verwechselt.

Manche Arbeiterkinder interpretieren das fehlende Weltwissen als persönliches Defizit und sehen sich in ihrem Vorurteil bestätigt, dass das Gymnasium nur mit großer Anstrengung zu schaffen ist. Sie fühlen sich deshalb manchmal wie zwischen zwei Welten. Einerseits ist da das neue »Zuhause«, in welchem sie nun zur so genannten intellektuellen Elite gehören. Andererseits dürfen sie den Eltern nicht das Gefühl geben, sie würden sich nun für etwas Besseres halten. Gleichwohl entwickeln sich manche, vielleicht auch unbemerkt, kontinuierlich von der Familie weg, weil sie sich in der neuen Umwelt beweisen und profilieren müssen oder wollen. Manchmal fühlen sie sich auch gezwungen, sich an die neue Bezugsgruppe anzupassen und die bisherige Mentalität zu transformieren.

Zwar funktionieren die erlernten Muster in der Herkunftsfamilie gut, aber eben nicht per se in einer gymnasialen Umgebung. Oft haben Arbeiterkinder, die es ans Gymnasium schaffen, einen Bezugsgruppenwechsel vorzunehmen, weshalb Gewohnheiten und bisherige Werte auf die Probe gestellt werden (Grendel, 2012, S. 57). Weil ihnen manchmal Intuition und Automatismen für das »richtige« Verhalten fehlen, versuchen sie, sich am vorherrschenden Habitus zu orientieren. Vielen gelingt dies, manchmal auch wegen ihrer physischen Erscheinung, den sportlichen Leistungen oder einem Engagement in einer gymnasialen Studierendenverbindung (Francis et al., 2012; Kämpfe & Westphal Müller, 2017).

Den »Faust« mit Burt Lancaster verwechseln

Ein begabtes Mädchen aus einfachen Verhältnissen trägt die Kleider seiner Geschwister und kennt die besten Witze des Vaters. Was passiert mit dieser jungen Frau, wenn sie im Gymnasium in der gleichen Klasse mit der Tochter des Arbeitgebers des Vaters sitzt? Wenn diese schöne Kleider trägt, wohlgefeilt spricht und unbekannte Wörter nutzt, Violine spielt oder ins Ballett geht? Beide werden zunächst möglicherweise befremdet sein, da die Praxis der Kollegin nicht den eigenen Gewohnheiten entspricht. Vielleicht nehmen sie deshalb keinen Kontakt zueinander auf oder möglicherweise gerade deshalb. Vielleicht nähert sich die Tochter des Arbeitgebers den Vorlieben des Arbeitermädchens an, doch möglicherweise ist es umgekehrt. Denn Aufsteigerinnen und Aufsteiger werden auch ungewollt mit Verhaltensweisen und Gewohnheiten der Kinder aus privilegierten Familien konfrontiert. Das geschieht nicht lediglich durch Schilderungen von Ferien, Ausflügen und Theaterbesuchen, sondern auch im Unterricht. Petra (FS 3) schildert ihre Erfahrungen so:

Petra, 41, Heilpädagogin
Petra gelang zwar der Sprung ans Gymnasium. Doch der Weg war ein schwieriger, da sie die Unterschiede zwischen den neuen Schülerinnen und Schülern bewusster und reflektierter wahrnahm, als dies noch in der Grundschule gewesen war. Besonders schämte sich Petra, als sie im Deutschunterricht Goethes »Faust« mit dem Western »Eiserne Fäuste« mit Burt Lancaster verwechselte, von dem ihr Vater immer erzählte. »Zu Hause habe ich natürlich niemandem davon erzählt, denn meine Eltern wären damit überfordert gewesen und hätten sich noch mehr geschämt als ich« sagt sie.

Weil Petra mit Vater und Mutter nicht darüber sprechen konnte, fühlte sie sich ihnen gegenüber zunehmend etwas fremd. Auch verstanden die Eltern nicht genau, welche Leistungsanforderungen ihre Tochter bewältigen musste. Darum konnten sie dies nicht entsprechend würdigen. Vor allem sagten sie Petra, sie hätten Angst davor, dass sie arrogant oder abgehoben würde und die Familie ihr nicht mehr gut genug sei. Das war für Petra schlimm, weil sie in der Schule auch zunehmend feststellte, dass es so etwas wie ein Gymi-Bluff gab.

Erst viel später wurde Petra bewusst, dass ihre Eltern sich nicht am Prinzip »ausgefallener« Interessen wie Weltliteratur – oder eben Goethes Faust – interessierten, sondern vor allem auf Selbstbescheidung setzten.

Das Dilemma mit den Peers

Soziale Anerkennung ist ein wichtiger motivationaler Indikator für den erfolgreichen Start im Gymnasium – auch deshalb, weil der Übertritt in einer entwicklungspsychologisch bedeutsamen Zeit stattfindet, in der die Identitätsfindung besonders wichtig wird. Identität bedeutet, das eigene Leben zu gestalten und die persönlichen Verhaltensweisen als sinnvoll zu erfahren. Diese Herausforderung stellt sich Arbeiterkindern dann ganz besonders, wenn sie einen von der Familie abweichenden Weg gehen möchten. Dies kann zu einer Identitätskrise führen – allem dann, wenn Anerkennung fehlt und das Fremdheitsgefühl zu einem körperlichen Empfinden wird, das sich in Scham, Schüchternheit oder Angst manifestieren kann (Ernaux, 2020).

Weil Gleichaltrige in der Regel einen immer höheren Stellenwert bekommen, will ein Großteil der Heranwachsenden auf dieselbe Schule wie ihre Peers wechseln. Darum spielen Freundschaftsbeziehungen eine große Rolle. Begabte Arbeiterkinder müssen sich darum oft einem Dilemma stellen, das als »Peergruppen-Effekt« bekannt ist: entweder mit den Kameradinnen und Kameraden der Grundschule zusammenbleiben zu wollen, wenn sie nicht ans Gymnasium wechseln oder sich für den Wechsel zu entscheiden und sich damit von ihnen zu distanzieren (Solondz, 2016). Deshalb spielt es eine hochgeordnete Rolle, inwiefern sich Kontakte zu besser situierten Gleichaltrigen ergeben, wie im Beispiel von Petra.

Kapitel 6: Schule – Motor oder Hindernis

Der bildungsambitionierte Erziehungsstil (*»concerted cultivation«*, Lareau, 2003) von Mittelschichtfamilien kann genauso wie das dominierende Erziehungsprinzip des Wachsenlassens sozial einfach gestellter Familien für das kindliche Aufwachsen und den Schulerfolg Vorteile, aber auch Nachteile haben. Gewiss sind solche Vergleiche etwas überzeichnet, weil sie die vielen differenzierenden Ausprägungen von Erziehungsstilen nicht angemessen abbilden. Doch der springende Punkt ist der, dass die mittelschichtorientierte Schule in der Regel unbewusst Kindern aus gut situierten Milieus Vorteile bringt. Die Rituale und Erziehungsstile einfach gestellter Familien sind hingegen in den Augen mancher Lehrkräfte weniger schulförderlich (Lareau & Cox, 2011; Stamm, 2013). Erklärt wird dies oft damit, dass eine Mehrheit der Lehrkräfte aus der Mittelschicht stamme und benachteiligende Familienverhältnisse nicht aus eigener Erfahrung kenne.

Diese Tatsache ist allerdings nicht entscheidend. Im Kern geht es eher darum, wie Schulen und Lehrkräfte auf unterschiedliche Erziehungsmuster reagieren und ihre Kommunikations-, Förder- und Beurteilungspraktiken gestalten. Darum können sie Aufstiegsängste verstärken, abschwächen oder neutralisieren.

In diesem Kapitel steht die institutionelle Dimension von Aufstiegsangst in drei Bereichen zur Diskussion: Wie Schulen und Lehrkräfte mit der »institutionellen Diskriminierung« umgehen, welche Haltungen und Einstellungen sie dabei vertreten und unter welchen Bedingungen sie für Arbeiterkinder auf dem Weg ans Gymnasium zu »signifikanten Anderen« werden könn(t)en.

Arbeiterkinder in der institutionellen Diskriminierungsfalle

Weil in Arbeiterfamilien Bildungsentscheidungen tendenziell eher gegen das Gymnasium ausfallen, wird dies von Schulen manchmal als Begründung herangezogen, weil man eben kaum etwas gegen solche skeptischen Haltungen tun könne. Das ist allerdings unzutreffend. Denn das Prinzip der »institutionellen Diskriminierung« von Mechthild Gomolla und Frank-Olaf Radtke (2009) besagt, dass die Benachteiligungen sozialer Gruppen nicht unbedingt auf die einzelne Lehrerin oder den einzelnen Lehrer zurückgeführt werden kann, sondern auf überindividuelle schulische Standards. Eine Folge solcher diskriminierenden Mechanismen wird in der massiven Häufung von Kindern mit Migrationshintergrund und aus einfach gestellten Familien in Realschulen, Einschulungsklassen oder in den Warteschlaufen beim Eintritt in die Berufsbildung sichtbar. Dahinter steckt eine systematische und dauerhafte Benachteiligung bestimmter Gruppen aufgrund von sozialen Normen, Regeln und Routinen. Institutionelle Diskriminierung gründet somit nicht in gezielten Diskriminierungsabsichten, sondern in Praktiken, die in Organisationen zum Tragen kommen (Klinkisch, 2022).

Bislang ist institutionelle Diskriminierung im Zusammenhang mit dem Zugang zum Gymnasium bildungsbenachteiligter Kinder kaum erwähnt worden. Doch die Übertrittsgepflogenheiten und Empfehlungsroutinen von Grundschulen hängen genauso von solchen institutionellen Routinen ab, inwiefern beispielsweise die Förderung von Kindern aller Sozialschichten im Schulprofil respektive den pädagogischen Leitideen verankert sind. Oder ob sich eine Grundschule mit Blick auf das Gymnasium vor allem an bildungshomogene Familien aus gut situierten Kreisen wendet. Allerdings wäre es falsch, den schwarzen Peter lediglich den Lehrkräften zuzuschieben. Denn die Mechanismen institutioneller Diskriminierung sind vor allem hintergründig besonders wirkungsmächtig. So wie eine Schule ihre pädagogischen Grundlagen vertritt, sind Lehrpersonen in ihrer Arbeit davon abhängig. Unterrichten sie an einer Schule mit auf Bildungshomogenität zielenden Leitideen, müssen sie Deutungshilfen heranziehen und mit den Eltern entsprechend kommunizieren.

Doch Lehrkräfte können trotz institutionellen Diskriminierungstendenzen etwas tun. Beispielsweise, indem sie versuchen, die auf sie einwirkenden institutionellen Kräfte zu erkennen, statt sie auszublenden. So schärfen sie nicht nur den Blick auf unbeabsichtigt diskriminierende Handlungen an der Schule, sondern können auch ihre Ermessensspielräume nutzen.

Eine wesentliche institutionelle Diskriminierungstendenz ist der verbreite Defizitblick auf Kinder aus benachteiligten Milieus (Betz, 2010; Betz et al., 2019). Dies beginnt schon im Kindergarten, beim ersten Kontakt mit dem Schulsystem. Manchmal sind es ältere Geschwister, welche die gleiche Schule besucht haben und über die ungünstige oder eben defizitorientierte Informationen kursieren. Schon allein Name und Nachname eines neuen Schülers oder einer neuen Schülerin können beim Schulpersonal unbewusst eine negative Erwartungshaltung auslösen. Daniel Hofstetter spricht in diesem Zusammenhang von »Protoselektion« (2017, S. 109). Ein solche ungewollt stigmatisierender Blick hat zur Folge, dass Arbeiterkinder und solche aus einfachen Familien mit Migrationshintergrund viel schneller als behandlungsbedürftig etikettiert und bei ihnen Defizite gesucht werden, während Potenziale verborgen bleiben. Das Gymnasium wird darum oft gar nicht in den Blick genommen. Andererseits werden Zuwanderungseliten (»Expats«) und einheimische Mittel- und Oberschichtfamilien positiv dargestellt und ihren Kindern Potenzial zugeschrieben, weshalb der Übertritt ans Gymnasium fast schon vorgezeichnet ist.

Schulen können deshalb einen aktiven Beitrag zu den zurückhaltenden Schulwahlentscheidungen von benachteiligten Familien leisten und ihren begabten Kindern den Weg ans Gymnasium leichter machen. Aktuell gelingt es noch zu selten, solche Väter und Mütter dort abzuholen, wo sie stehen. Zu selten werden sie bestärkt, an ihr Kind und seinen Erfolg zu glauben, es nicht zu unterschätzen und sein Potenzial wertzuschätzen. Somit geht es auch um die Stärkung des familiären Selbstwertgefühls. Würden Väter und Mütter längerfristig zu ambitionierteren Einstellungen animiert, wenn es um den Bildungsweg ihres intellektuell begabten Kindes geht, könnte auch die Aufstiegsangst abtempiert werden.

Nur mit Elternunterstützung

Das Elternhaus gilt als hauptverantwortlich für Erfolg und Versagen der Kinder. Die aktive Mitwirkung von Müttern und Vätern ist in vielen Schulgesetzen verankert und wird im Wesentlichen vorausgesetzt[11]. Eltern, die sich solchen Erwartungen nicht anschließen können, gelten schnell einmal als Problemeltern (Stamm, 2022). Eine besondere Herausforderung sind Hausaufgaben und Prüfungsvorbereitungen. In bildungsambitionierten Elternhäusern ist die Mitarbeit der Eltern meist realisiert, oft in überdurchschnittlich intensivem Ausmaß. Schülerinnen und Schüler aus Arbeiterfamilien haben hingegen nicht nur oft Eltern, die kaum helfend unterstützen können, sondern auch nicht über die notwendigen Finanzen für private Förderunterstützung verfügen und oft auch aufgrund von Schichtarbeit zu wenig Zeit haben. Das sind wichtige Gründe, weshalb Lehrkräfte in redlicher Absicht Arbeiterkindern von der gymnasialen Laufbahn abraten. Die gut gemeinte Empfehlung, eher den Weg in eine Berufslehre zu wählen, weil er der sicherere sei, wirkt jedoch nicht nur entmutigend, er ist auch chancenungerecht.

Mit Blick auf die Problematik der institutionellen Diskriminierung könnten Lehrpersonen die vorausgesetzte Elternunterstützung relativieren und ein förderliches Passungsverhältnis zu Vätern und Müttern aufbauen, das mit einer Aufstiegsperspektive verbunden ist. Was heißt das? Dass erstens die Orientierungen und Praktiken der Familie bei Lehrerinnen und Lehrern eine Resonanz finden. Zweitens, dass sie sich der Machtkonstellation bewusst werden, die zwischen ihnen und solchen Vätern und Müttern besteht. Obwohl sich diese Eltern insgeheim vielleicht eine Gymnasialempfehlung für ihr Kind wünschen würden, getrauen sie sich nicht, dies so zu formulieren. Manchmal sind sie überzeugt, die Lehrper-

---

11 Der Schweizer Lehrplan 21 schreibt Hausaufgaben nicht vor. Es gibt Schulen, die Hausaufgaben durch betreute Aufgabenzeiten an der Schule ersetzen. Das Prinzip, dass Kinder eine gewisse Zeit selbständig für die Schule arbeiten, ändert sich damit nicht. Die Betreuung von Aufgaben wird dadurch nicht mehr an die Eltern delegiert. Das fördert die Chancengerechtigkeit, weil ja nicht alle Eltern gleich viel helfen können, aus zeitlichen Gründen oder aufgrund unterschiedlicher Bildungshintergründe.

son könne ihr Kind besser einschätzen als sie selbst. Lehrkräfte tun darum das Richtige, wenn sie im Bewusstsein dieser Machtkonstellation mit den Eltern das Gespräch suchen, ihre Skepsis ernst nehmen und sie gleichzeitig zu überzeugen versuchen, der gymnasiale Weg sei für ihr Kind der richtige.

Die Bedeutung der »*Selffulfilling Prophecy*«

Grundschulkinder gehen in der Regel gern zur Schule. In der Corona-Pandemie ist während des Fernunterrichts überdeutlich geworden, wie wichtig die Beziehung zur Lehrerin oder zum Lehrer ist. Dies gilt für alle Heranwachsenden, vielleicht verstärkt jedoch für solche, die in eher bescheidenen Verhältnissen aufwachsen und vom Elternhaus nicht die idealen Lernbedingungen zur Verfügung gestellt bekommen haben wie dies für privilegiert aufwachsende Kinder oft selbstverständlich gewesen ist. Die Pandemie hat damit einer an sich längst bekannten Erkenntnis neuen Auftrieb gegeben: Lehrkräfte sind in ihren aktiven Bemühungen zentral, auch ganz besonders dann, wenn es um benachteiligte Kinder geht. Manche Lehrkräfte, die sich in der Pandemie aktiv um solche Kinder bemüht hatten, konnten ein förderliches Beziehungsverhältnis aufbauen und bei ihnen das Bewusstsein dafür stärken, dass Hartnäckigkeit und Dranbleiben für den Schulerfolg etwas bringt (Huber et al., 2020).

Lehrkräfte haben mit ihren Erwartungen einen signifikanten Einfluss auf die Leistungen der Schülerinnen und Schüler. Ist eine Lehrperson überzeugt, ein Schüler könne einen bestimmten Leistungsstand nicht übertreffen, dann wird er sich unbewusst genauso verhalten, dass dies auch eintrifft (sich selbsterfüllende Prophezeiung, »*Selffulfilling Prophecy*«; Rosenthal & Jacobson, 1992). Wer schon bei der Übernahme einer neuen Klasse allein aufgrund der bescheidenen Herkunft eines Kindes davon ausgeht, dass es eher leistungsschwach ist, wird wahrscheinlich Recht bekommen. Das Zitat eines Lehrers aus einem Interview im Rahmen einer unserer Vorstudien verweist auf solche Erwartungshaltungen:

> »Kinder aus gehobenen Schichten bringen einfach mehr mit als Kinder aus einfachen Schichten. Das liegt an der Familie, aber auch an der Vererbung. Ganz sporadisch treten auch Begabungen bei benachteiligten Kindern auf, die aber sieht man sofort. Doch es besteht kein Zweifel, dass Kinder aus gehobenen Schichten besser fürs Gymnasium geeignet sind.«

Solche Zuschreibungsmuster hindern Kinder daran, das für den Schulerfolg notwendige Selbstbewusstsein und Selbstvertrauen zu entwickeln. Wenn Lehrkräfte in gut gemeinter Absicht unterstreichen, aus Erfahrung zu wissen, wie sehr Elternunterstützung sowie ein elaboriertes Sprachvermögen notwendig seien fürs Gymnasium, dann ist Aufstiegsangst vorprogrammiert. Sind die Erwartungen hoch und mit bestärkender Motivierung verbunden, entwickeln Arbeiterkinder wahrscheinlicher eine realistischere Selbsteinschätzung und ein besseres Selbstvertrauen.

Aus solchen Gründen müssten Lehrkräfte die Erkenntnis der »*Selffulfilling Prophecy*« in eine positive Richtung lenken: dass begabte Arbeiterkinder das Ziel Gymnasium erreichen können. Deshalb brauchen Kinder Lehrkräfte, welche ihnen einiges zutrauen und einiges von ihnen erwarten.

Können Lehrkräfte auch »signifikante Andere« sein?

Inwiefern Arbeiterkinder ihre Aufstiegsangst in den Griff bekommen, hängt vom Glauben an sich selbst und oft von der Verstärkung durch Lehrkräfte ab. Diese können sie ermuntern, Zukunftsträume zu verfolgen oder eine Zuversicht in die eigenen Fähigkeiten zu entwickeln. Genau darum sind Lehrkräfte so wichtig. Die Forschung belegt mit einiger Eindeutigkeit, dass viele junge Menschen, denen ein Bildungsaufstieg gelungen ist, eine Mentoratsperson hatten. Aladin El-Mafaalani (2012) nennt Personen, die derartige Hilfestellungen leisten, »soziale Paten« (vgl. ebd. S. 54), die an die Stelle der Eltern als »signifikante Andere« ins Spiel gekommen sind. Lehrkräfte können als soziale Paten Kinder und Heranwachsende zu Entscheidungen in Richtung Gymnasium anspornen. Besonders hilfreich sind Lehrkräfte, wenn sie selbst Erfahrungen mit einem Bildungsaufstieg machen konnten und als wertvolle und authentische Ratgeberpersonen zur Verfügung stehen (Behrmann, 2021; Spiegler, 2015, S. 218 f.).

Doch mit »signifikanten Anderen« sind nicht ausschließlich Lehrkräfte gemeint, sondern auch Trainerinnen und Trainer im Sport, Musiklehrkräfte, Pfarrpersonen, in der schulischen Sozialarbeit Tätige und Beraterinnen und Berater, manchmal auch besser situierte Verwandte. Der Aufbau eines Zutrauens in die eigenen Fähigkeiten hängt nicht unwesentlich von der Unterstützung solcher Personen ab. Talent, Fleiß und Lernbereitschaft sind zwar notwendige Bedingungen für den Erfolg, aber sie reichen nicht aus. Ohne Unterstützung Dritter sind außerordentlichen Leistungen nur schwer möglich. Oft spielt auch der Zufall mit. In manchen Studien und Biografien wird von zufälligen Begegnungen mit Dritten berichtet, welche zu Vertrauensbeziehungen führten und die Laufbahn völlig veränderten (Blome, 2021; El-Mafaalani, 2012; Maurer, 2015; Urbatsch, 2011; Wiezorek, 2005). Auch aus der Resilienzforschung ist bekannt, dass benachteiligter Kinder in solchen Rollenmodellen eine zweite Heimat finden können (Stamm, 2016a).

III Wem gelingt der Sprung ans Gymnasium?

Kapitel 7: Geschafft!

Sie waren hoch motiviert. Und sie wollten mehr erreichen, als man Arbeiterkindern in der Regel zutraut. Ihr Ziel, die Hürde Gymnasium zu überwinden, haben sie erreicht. Im Gegensatz zu Kindern aus privilegierten Milieus standen sie, die Teilnehmerinnen und Teilnehmer unserer Studie, nicht unter Druck, diese Herausforderung unbedingt bewältigen zu müssen. Es war eher eine Kür als eine Pflicht und ein Schlüsselmoment auf dem Weg in eine akademische Laufbahn.

Doch wer genau sind diese Menschen, die es wie die Amerikaner sagen – *Against all Odds* – ans Gymnasium geschafft haben? Hatten sie besonders Glück, bekamen sie viel Unterstützung oder haben sie vor allem hart gearbeitet? Antworten auf solche Fragen stehen in diesem Kapitel im Mittelpunkt. Auf der Basis unseres Forschungsprojekts werden zunächst die Faktoren dargestellt, welche die Befragten als zentral für ihren Aufstiegserfolg bezeichneten. Die darauf aufbauende Typologie präsentiert vier Gruppen, anhand derer erfolgreiche Arbeiterkinder beschrieben werden können. *Den* Bildungsaufsteiger oder *die* Bildungsaufsteigerin gibt es nicht. Kinder bescheidener Herkunft entwickeln unter ähnlich strukturellen Bedingungen unterschiedliche Handlungsmöglichkeiten. Trotzdem haben unsere Teilnehmenden einen gemeinsamen Nenner: konflikthafte Erfahrungen und Sorgen, zu scheitern.

»Arbeiterkinder am Gymnasium«: Das Projekt

Unsere Studie untersuchte die Hintergründe, warum es intellektuell begabte und akademisch interessierte Kinder aus Arbeiterfamilien ans Gymnasium schafften. Als Arbeiterkinder definierten wir junge Menschen, die aus Familien kommen, deren Eltern Arbeiter und Arbeiterinnen sind, Angestellte in ausführender Tätigkeit, Beamte des einfachen Dienstes oder dauerhaft Erwerbslose. In die Analysen einbezogen wurden 296 Erwachsene, wie sie aus ihrer persönlichen Rückschau den Sprung ans Gymnasium schafften und welches für sie die Erfolgsfaktoren waren.

Die Studie geht davon aus, dass der erfolgreiche Übertritt ans Gymnasium das Ergebnis eines Bedingungsgefüges von vier Merkmalsbereichen ist. Das Modell in Abbildung 3 visualisiert diese Annahme. Die vier Kreise verdeutlichen die Merkmalskategorien: Personenmerkmale (überfachliche Kompetenzen, Motivation, Anstrengung und Begabung, Noten), Merkmale der Familie und Umgebung (Unterstützung, Familienverhältnis, räumliche Verhältnisse, signifikante Andere, Peers etc.), Entscheidungsverhalten der Familie (Stellenwert des Gymnasiums,

Bildungserwartung, Stolz vs. Skepsis etc.), Schule und Lehrkräfte (Förderung, Motivierung, Unterstützung etc.).

Das Forschungsprojekt beantwortet folgende Fragen:

- Welche intellektuellen, motivationalen und sozial-emotionalen Voraussetzungen resp. Persönlichkeitsmerkmale zeigen begabte Arbeiterkinder, die den Weg ans Gymnasium geschafft haben?
- Wurden sie von ihren Familien unterstützt, wenn ja wie, wenn nein, weshalb?
- Wie verhielten sich ihre Grundschulehrkräfte und weitere Personen aus dem Umfeld bei der Entscheidung Gymnasium, ja oder nein?
- Wie schätzen sich die Befragten im Rückblick selbst ein, mit Blick auf Persönlichkeitsmerkmale und *Soft Skills*?

Methode und Stichprobe

Das Projekt basiert auf zwei Studien mit identischen Befragungsinstrumenten und Teilnahmebedingungen. Studie A wurde zwischen 2020 und 2021 mit N=98 erwachsenen Personen durchgeführt. Studie B umfasste 198 Erwachsene. Die Laufzeit war von 2022 bis Mitte 2023. Die insgesamt 296 Teilnehmenden nahmen an einer identischen Onlinebefragung teil. Darüber hinaus wurden elf Fallstudien (F1 bis F 11) durchgeführt und diverse Aussagen aus den offenen Antworten der Onlinebefragung übernommen. Die Rekrutierung erfolgte über Aufrufe in den sozialen Medien, auf Einladung von Universitäten und Fachhochschulen sowie Pädagogischen Hochschulen. Grundbedingung war, dass Interessierte auf dem ersten Bildungsweg das Gymnasium besucht und die Eltern höchstens eine einfache Berufslehre oder Anlehre absolviert hatten oder über gar keine Ausbildung verfügten.

51 Prozent der Befragten waren Frauen (N=151) und 49 Prozent Männer (N=145). Das mittlere Alter lag bei 36 Jahren. 69 Prozent stammten aus der Schweiz, 19 Prozent aus Deutschland und 12 Prozent aus Österreich. 96 Prozent haben das Gymnasium mit der Matura resp. dem Abitur abgeschlossen. 68 Prozent verfügen über einen universitären Masterabschluss und 13 Prozent über einen der Fachhochschule. Einen universitären Bachelor besitzen sechs Prozent und neun Prozent einen Bachelor der Fachhochschule. Vier Prozent waren zum Zeitpunkt der Befragung noch an einer Pädagogischen Hochschule, einer Fachhochschule oder an einer Universität am Studieren. 89 Prozent sind heute in intellektuell-wissenschaftlichen Berufen tätig, zwei Prozent in Dienstleistungsberufen. 25 Prozent verfügen über ein Doktorat.

Einschränkend gilt festzuhalten, dass unsere Studie auf dem Kriterium basiert, den Übertritt ans Gymnasium geschafft zu haben. Darum verkörpert die Stichprobe eine positive Selektion von Arbeiterkindern. Vielleicht hatten unse-

Abbildung 3: Das Arbeitsmodell

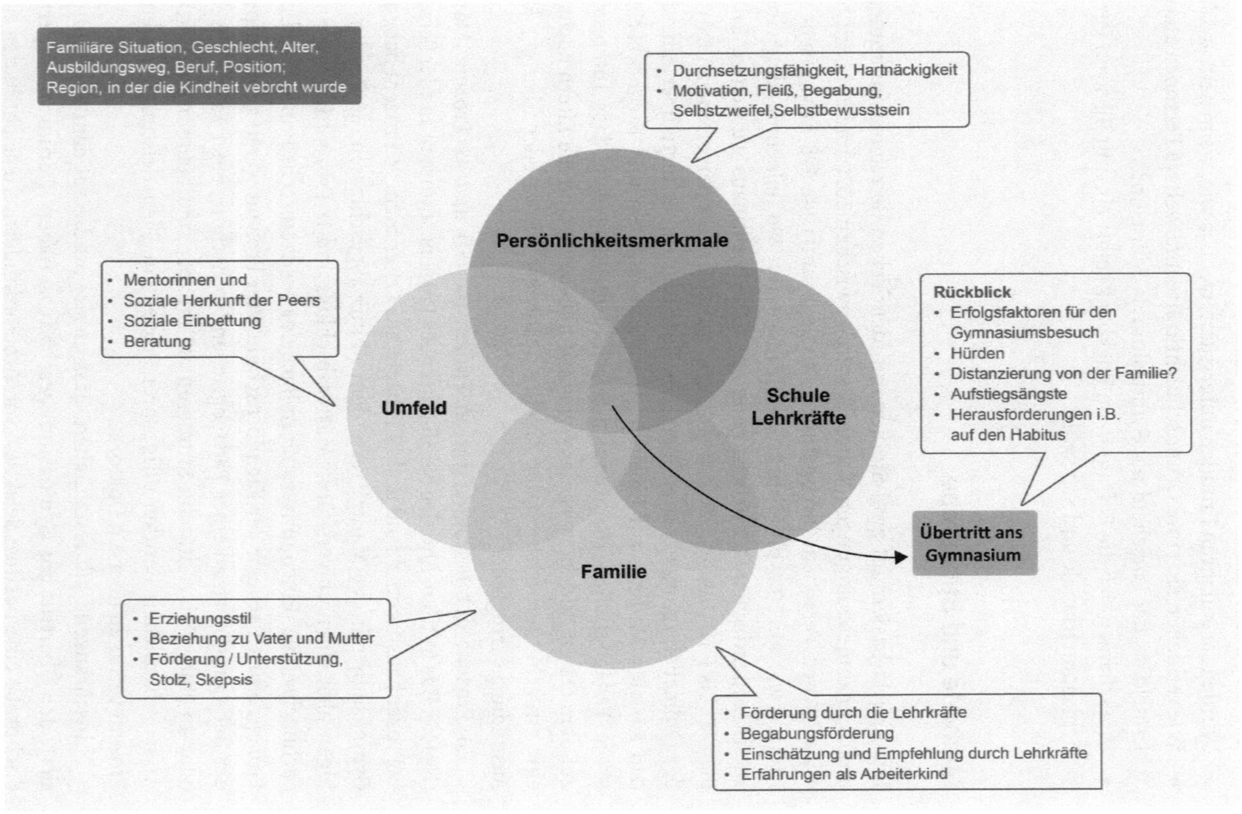

Familiäre Situation, Geschlecht, Alter, Ausbildungsweg, Beruf, Position; Region, in der die Kindheit verbrcht wurde

Persönlichkeitsmerkmale
- Durchsetzungsfähigkeit, Hartnäckigkeit
- Motivation, Fleiß, Begabung, Selbstzweifel, Selbstbewusstsein

Schule Lehrkräfte

Familie

Umfeld

Rückblick
- Erfolgsfaktoren für den Gymnasiumsbesuch
- Hürden
- Distanzierung von der Familie?
- Aufstiegsängste
- Herausforderungen i.B. auf den Habitus

Übertritt ans Gymnasium

- Förderung durch die Lehrkräfte
- Begabungsförderung
- Einschätzung und Empfehlung durch Lehrkräfte
- Erfahrungen als Arbeiterkind

- Mentorinnen und
- Soziale Herkunft der Peers
- Soziale Einbettung
- Beratung

- Erziehungsstil
- Beziehung zu Vater und Mutter
- Förderung / Unterstützung, Stolz, Skepsis

re Teilnehmenden weniger Schulprobleme als Personen, denen dieser Übertritt nicht gelungen ist. Gerade in diesem Punkt unterscheidet sich unsere Studie von anderen Untersuchungen.

Motivation, Fleiß und Begabung als wichtigste Erfolgsfaktoren

Welche Hauptgründe nannten die Befragten aus der Rückschau, warum sie den Übertritt ans Gymnasium geschafft hatten? Sechs Erfolgsfaktoren standen zur Auswahl: Eltern, Lehrpersonen, Peers, Fleiß, Begabung oder Motivation. Da alle Befragten (N=296) zwei Merkmale anzugeben hatten, ergab sich ein N=592.

Abbildung 4 verdeutlicht eher Überraschendes: Persönlichkeitsmerkmale wie Motivation (34 %), Fleiß (23 %) und Begabung (15 %), spielen als Erfolgsfaktoren aus der Sicht der Teilnehmenden eine deutlich größere Rolle als die soziale Unterstützung durch nahe Personen wie Eltern (7 %), Lehrkräfte (9 %) oder Dritte (12 %; Mentorinnen & Mentoren, Peers).

Abbildung 4: Erfolgsfaktoren aus der Sicht der Befragten

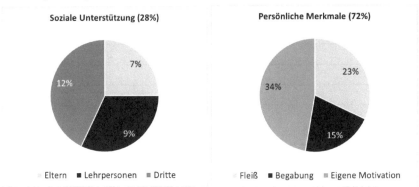

Diese Ergebnisse erinnern an die Metapher »Jeder ist seines Glückes Schmied«. Eine Teilnehmerin formulierte dies wie folgt:

»Der Wille ist das wichtigste Aufstiegskriterium. Wenn man will, kann man alles erreichen. Diejenigen, die scheitern oder es nicht schaffen, sind zu wenig ehrgeizig und müssen darum mit sich selbst ins Gericht gehen.« Rosa (35, Gymnasiallehrerin)

Von unterstützend bis ablehnend: Die Rolle der Eltern

Auch wenn Persönlichkeitsmerkmale in den Augen der Befragten die zentralen Erfolgsfaktoren sind, lohnt sich ein genauerer Blick auf die Einstellungen und Haltungen der Familie. Und dieser Blick ist keineswegs immer so, wie in der traditionellen Forschung zu familiären Bildungsentscheidungen (Boudon, 1974) beschrieben wird. In Kapitel 4 wurde berichtet, dass einfach gestellte Eltern dem Gymnasium gegenüber aus verschiedenen Gründen durchwegs skeptisch eingestellt seien und sie Sohn oder Tochter darum in eine Berufslehre drängen würden. Tabelle 3 differenziert solche theoretischen Annahmen. Wenn auch viel seltener als Mittelschichteltern, die meist aktiv den Weg ans Gymnasium planen und ihn manchmal auch mittels Beschwerden verteidigen, waren in unserer Studie 39 Prozent der Eltern dem Gymnasium gegenüber fördernd respektive ermunternd eingestellt, doch meistens passiv. 28 Prozent der Befragten bezeichnen die Eltern neutral bis zurückhaltend.

Tabelle 3: Einstellungen der Eltern gegenüber dem Wechsel ans Gymnasium

Meine Eltern waren ...	
ermunternd	27 %
fördernd	12 %
zurückhaltend	28 %
entmutigend	23 %
ablehnend	10 %

Doch die andere Seite der Medaille sind die 33 Prozent der Eltern, die einem Übertritt ans Gymnasium negativ oder sogar deutlich ablehnend gegenüberstanden. Für diese Gruppe der Befragten war der Übertritt eine noch größere Herausforderung, weil sie entweder auf sich selbst zurückgeworfen oder von Lehrkräften abhängig waren. Für einen Studienteilnehmer sah die Situation so aus:

> »Meine Eltern waren überzeugt, dass ich nicht ans Gymnasium gehöre. Sie sagten immer wieder, ich sei nicht so clever, wie ich dies von mir behaupten würde. Deshalb wollten sie mich unbedingt in einer Berufslehre sehen.« Simon (40, Finanzanalyst)

Unterschiede zeigen sich ebenso in den Bildungsaspirationen der Eltern, definiert als Erwartungen hinsichtlich des zukünftigen Schulabschlusses des Kindes (Tabelle 4). Aus Sicht der Befragten hatten 64 Prozent der Eltern keine Erwartungen, während 15 Prozent neutral und 21 Prozent eher oder sehr ambitiös waren. Auch diese Ergebnisse relativieren die Befunde der traditionellen Forschung.

Tabelle 4: Erwartungen der Eltern an den Bildungsabschluss

Erwarteten Ihre Eltern von Ihnen einen hohen Bildungsabschluss?	
traf gar nicht zu	35%
traf eher nicht zu	29%
weder noch	15%
traf eher zu	12%
traf voll zu	9%

65 Prozent der Befragten berichten, ihre Eltern seien stolz auf sie gewesen, weil sie den Übertritt ans Gymnasium geschafft hatten. Solche Ergebnisse werden von Lernpsychologie und sozialer Ungleichheitsforschung unterstützt, welche die Anerkennung durch die Familie als wichtiges Merkmal für die Schulerfolgswahrscheinlichkeit postulieren. Oder wie es Anat Gofen (2009) in etwa formuliert: Es kommt nicht darauf an, wer die Eltern sind, sondern was sie mit dem Kind tun und wie sie es stärken. Gofen betont, der Weg ans Gymnasium werde nicht trotz benachteiligenden Familienverhältnissen möglich, sondern gerade wegen der Einstellungen der Eltern.

Lehrkräfte und Mentorate

Wenn es um die Förderung von Kindern aus einfachen Verhältnissen geht, gelten Grundschullehrkräfte als entscheidend. In unserer Studie trifft dies teilweise zu. Aus Tabelle 5 wird deutlich, dass 36 Prozent der Lehrpersonen den Wechsel ans Gymnasium ermunternd und fördernd, 30 Prozent neutral bis zurückhaltend begleiteten. Aus heutiger Sicht verdanken sie ihrer Lehrperson die Vorbereitung auf die Aufnahmeprüfung oder auf den prüfungsfreien Übertritt ans Gymnasium. Sie habe ihr Potenzial früh erkannt und spezifisch gefördert. Das sagte auch ein Teilnehmer:

»Der Klassenlehrer motivierte mich, die Aufnahmeprüfung fürs Gymnasium zu machen. Ohne ihn hätte ich es gar nicht gewagt.« Pierre (34, Geologe)

Doch für 34 Prozent der Befragten war das Glas nicht halb voll, sondern halb leer. Auch wenn diese Teilnehmenden das Gymnasium schafften, hatten sie in der Grundschule vor allem entmutigende Rückmeldungen des Lehrers oder der Lehrerin erhalten und folge dessen kaum Unterstützung. Eine Teilnehmerin bilanzierte dies so:

»Meine Grundschullehrerin wollte nicht, dass ich aufs Gymnasium ging. Immer, wenn ich keine besonders gute Note hatte, wiederholte sie ihre Ansicht, dass ich dort am falschen Ort wäre. Solche Bemerkungen haben mich herausgefordert, ihr das Gegenteil zu beweisen. Im nächsten Jahr war ich Klassenbeste, und sie hatte keine Argumente mehr.« Erika (40, Biochemikerin)

Tabelle 5: Lehrkräfte und ihre Einstellungen gegenüber dem Wechsel ans Gymnasium

Meine Lehrerin/mein Lehrer war …	
ermunternd	25 %
fördernd	11 %
neutral bis zurückhaltend	30 %
entmutigend	22 %
ablehnend	12 %

Erstaunlich ist, dass Mentorinnen und Mentoren nur selten erwähnt werden. Dazu gehörten etwa ältere Geschwister oder Verwandte, doch ausschlaggebend waren Personen außerhalb des Verwandtenkreises, die zum richtigen Zeitpunkt in Erscheinung traten (siehe auch Grgic & Bayer, 2015). Das waren Trainerinnen oder Trainer im Sport, Personen kirchlicher Organisationen oder solche aus Jugendvereinen wie auch Mütter oder Väter von Peers aus gut situierten Familien.

Die geringe Bedeutung von sozialen Paten erstaunt wenig, weil unsere Teilnehmenden mehrheitlich davon überzeugt sind, ihr Übertrittserfolg sei das Ergebnis persönlicher Ressourcen gewesen. Doch andererseits wird in manchen Forschungsstudien auf die wichtige Mentorenrolle verwiesen (Behrmann, 2021; El-Mafaalani, 2014; 2015), und auch verschiedene Praxisprojekte bauen erfolgreich darauf auf[12]. Doch solche Angebote sind eher neueren Datums, weshalb unsere teilweise bereits älteren Befragten noch nicht davon profitieren konnten.

Ist das Gymnasium wirklich ein Aufstiegstraum?

Oft überwiegt die Ansicht, Arbeiterkinder hätten einen Plan, etwa das Ziel, so viel Geld zu verdienen wie möglich und Karriere zu machen. Dies trifft zwar für solche mit Migrationshintergrund des Öfteren zu (Stamm et al., 2014), kaum jedoch für unsere Studie. Nur selten steckte hinter dem »Projekt Gymnasium« eine vorgezeichnete Laufbahn oder ein klassisches Aufstiegsmotiv. 93 Prozent hatten nicht

---

12 Siehe beispielsweise https://www.arbeiterkind.de/wie-funktioniert-ein-studium/fertig-und-jetzt/berufseinstieg (Abfrage: am 19.05.2024).

gezielt den Aufstieg über das Gymnasium in die Akademia gesucht. Ihr Weg führte zwar von unten nach oben, doch im Blick war immer nur die nächste Treppenstufe, respektive die nachfolgende Etappe einer nicht voraussehbaren Entwicklung. Ob die nächste Stufe auch erreicht werden könnte – das war die große Unsicherheit. Lediglich sieben Prozent berichten aus der Rückschau von einem vorgefassten Plan und vom Wunsch, Ärztin oder Jurist zu werden, weshalb sie den Besuch des Gymnasiums als zwingende Voraussetzung erachteten. Entgegen mancher Vermutung hatten die Teilnehmenden ihren Startpunkt anderswo, nämlich im Wissensdurst sowie im Wunsch nach einer persönlichen Herausforderung.

Der Übertritt ans Gymnasium gelang überwiegend wegen eines enormen Motivationswillens und viel Fleiß, ebenso aufgrund von gut genutzten Gelegenheiten, kaum aber auf der Basis einer Strategie. Ohne von signifikanten Anderen bestärkt zu werden, musste die Mehrheit der Befragten sich selbst überzeugen. Das war für manche die größte Herausforderung. Doch es gibt grundsätzliche Unterschiede, wie die Teilnehmerinnen und Teilnehmer ihren erfolgreichen Übertritt ans Gymnasium erklären.

Kapitel 8: Typen erfolgreicher Arbeiterkinder

Wer es aus bescheidenen Familienverhältnissen ans Gymnasium schafft, verfügt über bestimmte, besonders ausgeprägte Persönlichkeitsmerkmale. So lässt sich die Mehrheit der Antworten unserer Teilnehmerinnen und Teilnehmer auf die Frage nach den Ursachen ihres Erfolgs interpretieren. Doch sie sind keine homogene Gruppe. Wirft man einen differenzierenden Blick auf sie, finden sich »feine Unterschiede«. Sichtbar wird dies nicht nur in den Persönlichkeitsmerkmalen, sondern auch in den Vorstellungen und Erwartungen ihrer Väter und Mütter. Gleiches gilt für die Lehrkräfte sowie ihre diversen Haltungen und Förderbereitschaften, die zumindest teilweise mit den Persönlichkeitsmerkmalen der Kinder interagierten. In diesem Kapitel geht es um eine Differenzierung dessen, was erfolgreiche Arbeiterkinder ausmacht.

Vier idealtypische Gruppen

In unserer Studie haben wir auch untersucht, wie bestimmte Faktoren miteinander gekoppelt sind und welche spezifischen Muster sich dabei unterscheiden lassen. Dies geschah mittels einer Clusteranalyse[13]. Der einer Clusteranalyse zugrunde liegende Algorithmus hat zum Ziel, Gruppen (Cluster) so zu bilden, dass sich die Gruppen möglichst stark voneinander, die Elemente (hier Personen) innerhalb einer Gruppe aber möglichst wenig voneinander unterscheiden. Die Erfolgsmerkmale wurden als Clustermerkmale verwendet. Dabei hat sich eine Vier-Cluster-Lösung herauskristallisiert. Die identifizierten Cluster weisen deutliche Unterschiede in Bezug auf die gewählten Erfolgsfaktoren auf (Tabelle 6).

In Cluster 1 wurde das Merkmal Fleiß überdurchschnittlich oft, die anderen Merkmale – ausgenommen die Motivation – unterdurchschnittlich oft gewählt. Cluster 2 zeichnet sich durch drei überdurchschnittlich oft gewählte Merkmale aus (Eltern, Lehrkräfte, Motivation). Cluster drei ist geprägt von den überdurchschnittlich gewählten Faktoren Drittpersonen und Lehrkräfte. Schließlich fällt in Cluster 4 die überdurchschnittlich oft gewählte Begabung auf, während Fleiß sowie alle Personen der sozialen Unterstützung (»Dritte«) unterdurchschnittlich oft gewählt wurden.

Für die Charakterisierung und nähere Beschreibung der Cluster wurden zwölf Aussagen aus dem Fragebogen als Merkmale herangezogen, die sich auf die Zeit

---

13 Es wurde eine hierarchische Clusteranalyse erstellt (Ward-Methode, quadrierte Euklidische Distanz).

Tabelle 6: Clusterung nach Erfolgsmerkmalen sowie Geschlecht und Anzahl Doktorate

	Cluster 1 31% (N=92)	Cluster 2 27% (N=79)	Cluster 3 22% (N=66)	Cluster 4 20% (N=59)
Erfolgsfaktoren, überdurchschnittlich oft genannt*	• Fleiß	• Eltern • Lehrkräfte • Fleiß • Motivation	• Lehrkräfte • Peers • Begabung	• Begabung • Motivation
Erfolgsfaktoren, unterdurchschnittlich oft genannt	• Eltern • Lehrkräfte • Dritte • Begabung • Motivation	• Begabung	• Fleiß • Motivation	• Eltern • Lehrkräfte • Peers • Fleiß
Anteil Frauen/ Männer	65%/35%	39%/61%	48%/52%	47%/53%
Anteil Doktorate	30%	17%	24%	29%

vor dem Gymnasium, auf die Zeit während dem Gymnasium und auf die Rückschau aus aktueller Sicht beziehen.

• Hartnäckig an einer Aufgabe bleiben
• Positives Selbstvertrauen ins eigene Können
• Bildungsaspirationen der Eltern
• Bildungskapital (Bücher, Besuche Museen etc.)
• Positive Einstellung der Eltern zum Wechsel ans Gymnasium
• Positive Einstellung der Lehrperson zum Wechsel ans Gymnasium
• Außenseitergefühle
• Habitusunterschiede: Umgangsformen und Freundeskreis
• Habitusunterschiede: Finanzielle Möglichkeiten
• Distanz zur Familie (aus der Rückschau)

Wie in der nachfolgenden Abbildung 5 (z-Werte[14]) visualisiert, verweisen die vier Cluster auf unterschiedliche Profile der Teilnehmenden. Nachfolgend werden sie beschrieben und aufgrund ihrer spezifischen Merkmale mit einer Etikettierung versehen. Es sind dies »Die hartnäckig Fleißigen«, »Die familiär Unterstützten«, »Die schulisch Geförderten« und »Die selbstüberzeugten Distanzierten«. Allerdings sind dies idealtypische Gruppen, die in der Realität nicht immer genauso beobachtet werden können.

---

14 Mit der so genannten z-Transformation kann man Werte einer Stichprobe vergleichbar machen. Diese z-Werte werden dadurch vergleichbar, weil die Stichprobenwerte nach der Transformation nicht mehr in den Originalmaßeinheiten gemessen werden, sondern in Vielfachen der Standardabweichung der Stichprobe. Außerdem ist der Mittelwert von z-Werten immer null.

Abbildung 5: Charakterisierungsmerkmale der Cluster

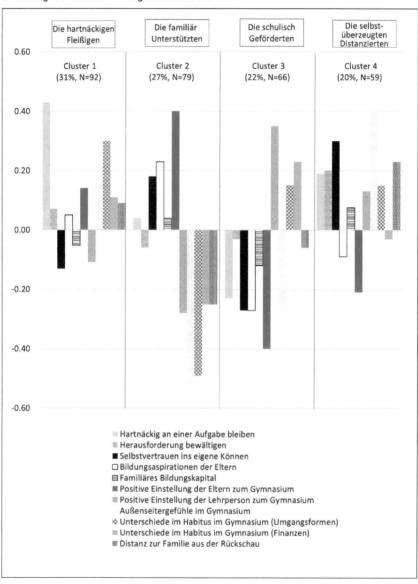

Die hartnäckigen Fleißigen

Das wichtigste Merkmal dieses Clusters, das weiblich dominiert ist und in dem fast ein Drittel über ein Doktorat verfügt, sind Hartnäckigkeit und Fleiß. Vieles hätten sie auf diese Weise wettgemacht, so eine oft gemachte Aussage der Angehörigen dieses Clusters. Darum erhält dieser Typ das Label »Die hartnäckigen Fleißigen«, wobei allerdings ihr Selbstvertrauen ins eigene Können schwach ausgeprägt ist. Zwar hatten die Eltern eine grundsätzlich ermutigende, aber passiv ausgeprägte Einstellung zum Gymnasium und auch kaum gezielte Bildungsaspirationen. Besonders gilt dies für das Bildungskapital. Zudem erlebte dieser Typ das schulische Umfeld als wenig förderlich, weil für die Vorbereitung auf den Übertritt keine Unterstützung der Lehrpersonen vorhanden war. Im Gymnasium fühlten sich die hartnäckigen Fleißigen manchmal als Außenseiterin oder Außenseiter, aus der Rückschau bezeichnen sie sich als eher isoliert. Auch die Unterschiede zu den Peers aus gut situierten Familien nahmen sie in Bezug auf Verhalten und Umgangsformen deutlich wahr, weniger deren bessere finanzielle Möglichkeiten. Im Verlaufe des weiteren Bildungsweges ergab sich eine tendenzielle Distanzierung zur Familie, so wie bei Adelheid (FS 1).

Adelheid (43, Erziehungswissenschaftlerin)
Adelheids Eltern haben beide einen Volksschulabschluss. Der Vater ist Hauswart in einem Betrieb, die Mutter arbeitet als Putzfrau. Adelheid war eine sehr gute, hartnäckige und sehr fleißige Schülerin, aber sie fühlte sich oft isoliert, weil sie als einzige der Klasse aufs Gymnasium wechselte. Das kam so: In der vierten Klasse bestellte der Klassenlehrer Adelheids Mutter in die Schule und sagte ihr: »Frau Z., wenn Sie Ihre Tochter nicht ans Gymnasium schicken, machen Sie einen großen Fehler.« Nicht nur Adelheids Mutter, sondern auch der Vater hatte Bedenken, obwohl beide dem Gymnasium gegenüber nicht ablehnend eingestellt waren. Doch für sie war diese Schule etwas Überdimensionales, von dem sie sich überhaupt kein Bild machen konnten. Deshalb verhielten sie sich für Adelheids Empfinden widersprüchlich. Die Situation änderte sich schlagartig, als Adelheid eine neue Klassenlehrerin bekam, die vom Gymnasium abriet. »Wenn du aufs Gymnasium gehst und nicht vorwärtskommst, kann dir niemand helfen. Du musst es alleine schaffen.« Adelheid schaffte es.

Das Gymnasium war für sie eine große Umstellung. Adelheid sagt von sich, sie sei zwar eine gute Schülerin gewesen, aber zu Beginn des Gymnasiums nicht sonderlich gut. Deshalb sei sie immer fleißiger und auch hartnäckiger geworden. Denn sie hätte gewusst, dass Scheitern unmöglich war und sie so ihr Selbstvertrauen etwas stärken konnte. Schwierig sei die Situation vor allem wegen der Mutter gewesen, die nicht wollte, dass man in der Schule sah, »woher die Familie kommt«. Weil die Mitschülerinnen und Mitschüler aus besser gestellten Familien kamen, musste Adelheid jeden Tag etwas anziehen, das sauber war und adrett aussah.

Zudem sei sie ein zurückhaltendes Mädchen gewesen. Zweimal habe sie im Zeugnis einen Eintrag bekommen »ist zu zurückhaltend und beteiligt sich zu wenig«. Doch Adelheid sagt, das sei für sie gar nichts Besonderes gewesen, denn zu Hause habe man auch immer geschwiegen. Heute, so Adelheid, sei sie hin- und hergerissen in der Beziehung zur Familie, die eigentlich ganz ok sei.

Die familiär Unterstützten

In diesem eher männlich geprägten Cluster ist der Anteil an Doktoraten im Vergleich zu den anderen Clustern unterdurchschnittlich. Im Rückblick bezeichnen die Befragten ihre Eltern als relativ bildungsorientiert und bildungsambitioniert. Sie waren darum bemüht, ihr Kind durch Bibliotheks- und Museumsbesuche oder durch Lesen zu fördern. Deshalb bekommt dieses Cluster die Etikette »Die familiär Unterstützten«. Aus der Rückschau berichten diese Befragten, leistungsmotiviert gewesen, aber von der Lehrperson nicht unterstützt worden zu sein. Deshalb hätten sie auch Bedenken gehabt, die Herausforderungen wirklich bewältigen zu können. Gegenüber den Peers aus privilegierteren Elternhäusern stellten die familiär Unterstützten kaum habituelle Unterschiede oder finanzielle Nachteile fest. Auch von einer Kluft zur Familie berichten sie selten, so wie Paul (FS 4):

Paul (34, Physiker)
Während seiner Kindheit wohnte Paul mit seiner Familie auf dem Land, auf einem Bauernhof. Die Geschwister sind alle älter als er. Paul war der erste der Familie, der es ins Gymnasium schaffte.

Der Hauptgrund, weshalb Paul dieser Sprung gelang, waren seine Eltern, vor allem der Vater, der sich auch gewerkschaftlich engagierte. Ihm war dieser Schritt sehr wichtig. Seit sich Paul erinnern kann, hat der Vater einen Ausweis der Gemeindebibliothek. Diese Bibliothek befindet sich in etwa 15 Minuten Gehdistanz. Die Geschwister haben sich nicht so sehr für Bücher interessiert, Paul aber schon. Mit dem Vater ging er jeden Monat einmal dorthin. Das genoss er sehr.

Der Vater sagte immer wieder, dass er diesen Weg gerne auch gegangen wäre, aber von seinen Eltern daran gehindert worden sei. Die Mutter war zurückhaltender, vor allem auch deshalb, weil die Grundschullehrerin Pauls Übertritt ans Gymnasium nicht unterstützte. Die Mutter hatte Bedenken, er würde dort überfordert sein.

Der Übertritt war nicht einfach, weil er auch mit einem Wechsel in eine andere Gemeinde einherging. Doch Schichtunterschiede hat Paul kaum wahrgenommen. Bilanzierend sagt er, der Wechsel habe ihm viel gebracht. Vor allem deshalb, weil er nun auch während der Woche seinen schulischen Verpflichtungen Vorrang geben konnte. Wenn er im Stall mithelfen sollte, konnte er fast immer die Hausaufgaben vorschieben. Die Eltern förderten ihn, wo sie nur konnten, gleichzeitig hatten sie hohe Erwartungen an ihn. Doch dies trug aus der Sicht von Paul dazu bei, dass er lernte, auch Misserfolge zu verkraften und an sich zu glauben, wenn es schulisch einmal nicht so gut lief.

Darüber hinaus war der Vater eine große Unterstützung für ihn, weil er sehr belesen war. Er setzte sich immer für Paul ein, und das tut er auch heute noch. Er ist stolz, dass Paul das Abitur gemacht, studiert hat und nun Physiker ist. Und sein Sohn findet es gut, zwar aus einer Bauernfamilie zu kommen, aber den Beruf eines Landwirts nie gewählt zu haben.

Die schulisch Geförderten

Deutlich anders ist das eher geschlechterausgewogene Cluster 3, in dem die Anzahl Doktorate ungefähr dem Durchschnitt entspricht. Herzstück sind einerseits Eltern ohne Bildungserwartungen mit einer deutlichen Skepsis gegenüber dem Gymnasium, andererseits engagierte Lehrpersonen, die nicht lockerließen. Deshalb wird dieses Cluster »Die schulisch Geförderten« genannt. Dass der Übertritt tatsächlich gelingen konnte, war in erster Linie von den Pädagoginnen und Pädagogen abhängig, welche die schwierigen Rahmenbedingungen dieser Kinder erkannten. Obwohl es eine Herausforderung war, die Eltern zu beraten, bemühten sie sich trotzdem, ihnen ihre Skepsis zu nehmen und Zweifel zu zerstreuen. Gleichzeitig formulierten die Lehrkräfte positive und hohe Erwartungen an die Heranwachsenden, um sie auch in ihrem Selbstwertgefühl zu stärken. Dass das Gymnasium auf einer solchen Basis eine realistische Option werden konnte, war für diese Lehrkräfte wichtig. Denn im Vergleich zu den anderen Clustern war das Selbstvertrauen ins eigene Können dieser »schulisch Geförderten« am wenigsten ausgeprägt.

Das Fallbeispiel von Robert (FS 10) bestätigt allgemeine theoretische Erkenntnisse, wonach hohe Lehrererwartungen einen signifikanten Einfluss auf gute Leistungen und positive Selbsteinschätzungen von Heranwachsenden haben können (Lorenz et al., 2016). Roberts Grundschullehrer war überzeugt von seinen Fähigkeiten und sagte ihm das auch immer wieder.

Robert (37, Gymnasiallehrer)

Roberts Eltern sind beide Arbeiter, der Vater Nachtdienstmitarbeiter einer Bewachungsfirma, die Mutter Fließbandarbeiterin in einer Schuhfabrik. Die erste Erinnerung von Robert an seine Mutter ist die, dass er ihr in der Fabrik bei der Produktion der Schuhe helfen musste, die Schuhsenkel richtig einzuziehen. Was Robert besonders beschäftigte, war der Umstand, dass seine Mutter neben der Schichtarbeit auch als Putzfrau Geld verdienen musste, weil es nirgendwo hinreichte. Sie selbst verstand das als Makel und machte dies auch deutlich.

»Hier gehöre ich nicht hin.« Dieser Satz ist Robert oft durch den Kopf gegangen, wenn der Lehrer das Gespräch aufs Gymnasium lenkte. Auch seine Eltern empfanden, Robert sei ein Arbeiterkind, und dies würde sich nicht ändern. Während der Vater ihn mahnte: »Vergiss niemals deine Herkunft« sagte die Mutter immer: »Wir sind nichts Besonderes, du musst nicht meinen, dass du mehr Wert bist als wir alle zusammen.« Im Gymnasium wurde es Robert schnell klar, dass die Gutsituierten in der Klasse andere Umgangsformen, einen elaborierten Wortschatz und auch mehr finanzielle Möglichkeiten hatten. Das störte ihn, und heute ist er sicher, dass er deshalb – obwohl relativ gut integriert – lange Zeit wenig Selbstvertrauen in sein Können hatte.

Der Lehrer in der Grundschule war die zentrale Person auf Roberts Weg. »Du schaffst das, du bist ein schlauer Kerl« waren Worte, die heute noch in seinem Gedächtnis festsitzen. Dazu kam auch eine Lehrerin des schulischen Begabtenförderprogramms, die Robert im Pull-out-Angebot »Krimis schreiben« kennengelernt hatte. Sie sagte seinen Eltern, Robert sei ein »wandelndes Lexikon«, weshalb sie ihn auch für einen Schreibwettbewerb vorschlug, an dem er den dritten Platz belegte. Heute ist Robert Gymnasiallehrer. Seine Hauptfächer sind Deutsch und Geschichte. Von seiner Familie hat er sich zwar etwas entfernt, aber es gelingt ihm relativ gut, mit Kompromissen zu leben und die Welt der Herkunftsfamilie irgendwie in sein Leben zu integrieren.

Die selbstüberzeugten Distanzierten

In diesem geschlechterausgewogenen Cluster, in dem mehr als ein Drittel doktoriert haben, fallen im Vergleich zu den anderen Clustern das hohe Selbstvertrauen auf und die Überzeugung, es zu schaffen. Dieser Typ wurde deutlich vom Elternhaus abgebremst, obwohl etwas Bildungskapital vorhanden war. Sätze wie »Du musst nicht am besten sein« gehörten zum Familienalltag. Immerhin wurden die Selbstüberzeugten von den Pädagoginnen und Pädagogen teilweise unterstützt (»Mein Lehrer war zwar grundsätzlich fördernd eingestellt, aber eher zurückhaltend.«).

Doch vor allem überwog der Glaube an sich selbst und die Überzeugung, es im Alleingang schaffen können. Weil sich manche der Personen dieses Clusters im Gymnasium in einer Außenseiterposition fühlten, dies aber offenbar kaum ein Problem war, bekommen sie das Label »Die selbstüberzeugten Distanzierten«. In der Rückschau interpretiert diese Gruppe ihren Bildungsweg als »Veranlagung«. Damit stehen sie in deutlichem Kontrast zu den Profilen der anderen Cluster und erinnern an das Phänomen bildungsresilienter Kinder (Kapitel 4). Die selbstüberzeugten Distanzierten machten sich auf die Suche nach einer neuen Heimat und lernten früh schon die akademische Sprache sowie die Gepflogenheiten der bildungsambitionierten Milieus kennen. Dies erforderte viel Veränderung der Habitusmuster, die in ihrer Familie dominiert hatten. Deshalb erstaunt kaum, dass die Angehörigen dieses Clusters von einer deutlichen Distanzierung zur Familie berichten, wie Viola (FS 9).

Viola (43, Pharmazeutin)

Viola stammt aus einfachen, katholisch geprägten Verhältnissen. Der Vater arbeitete in der Spedition im Schichtbetrieb. Da auch die Großeltern mütterlicherseits im Haushalt lebten und teilweise Hilfe brauchten, ging Violas Mutter keiner Berufstätigkeit nach, sondern kümmerte sich um die Großfamilie. Insgesamt waren vier Kinder zu ernähren, doch Viola sagt, sie blicke mit Skepsis auf ihre Kindheit zurück. Vater und Mutter hätten ihren Kindern zwar viel Freiraum gegeben, sich aber kaum für sie interessiert und schon gar nicht für die akademischen Interessen von Viola. Vielleicht deshalb hätten sich die vier Geschwister in der Kirche als Ministranten engagiert. Die drei älteren Geschwister absolvierten die Hauptschule und machten eine handwerkliche Ausbildung.

Dass Viola aufs Gymnasium gehen konnte, war in erster Linie ein eigener Entscheid. Sie sei eine selbstbewusste Schülerin gewesen und ein richtiger Dickschädel. Die Eltern hätten sich aber schon früh dagegengestemmt. Ein wenig Unterstützung bekam Viola zwar von der Lehrerin, die den Eltern das Gymnasium für ihre Tochter schmackhaft machen wollte. Dies gelang aber nicht. Doch weil Viola hartnäckig blieb, konnte sie in das humanistische Gymnasium in der nahegelegenen Großstadt eintreten, wo sie auch das Abitur machte. Für Viola war dieser Wechsel eine riesige Herausforderung – trotz sehr guter Noten. Dazu kam, dass sie, aus einer wertkonservativen Umgebung stammend, nun plötzlich ihre Sozialisation hinterfragte und den Weg fast alleine finden musste. Das hätte sie aber stärker gemacht, sagte sie im Interview. Vor allem die Unterstützung der Mutter der Kinder, die Viola während der Gymnasiumzeit babysittete, hätte den Stellenwert einer zweiten Mama bekommen.

Im Rückblick bezeichnet sich Viola als Aufsteigerin, aber auch als Außenseiterin, die diesen Weg zielstrebig verfolgt hat und heute zufrieden ist. Allerdings sagt sie, dies auch teuer bezahlt zu haben, denn sie habe kaum mehr Kontakt zur Familie. »Ich habe es aushalten müssen, eine Außenseiterin zu sein. Im Studium dann tauchte ich in eine andere Welt ein. Mein Umfeld wurde vielfältiger und ich habe meine Heimatstadt verlassen« sagt sie. Die Familie zeige ihr auch heute noch zwischen den Zeilen, dass sie sich für etwas Besseres halte.

Kapitel 9: Bin ich gut genug?

Etwas weniger als die Hälfte der Befragten, deren besondere Kompetenz heute niemand mehr anzweifeln kann, sind auf dem Weg ans Gymnasium aktiv unterstützt und gefördert worden. Teilweise wurden sie von Lehrkräften und/oder Familie in ihrer Zielstrebigkeit gebremst – jedoch ohne Erfolg.

Solche Bedingungen haben manchmal dazu geführt, dass sich unsere Teilnehmerinnen und Teilnehmer selbst den Druck aufbauten, reüssieren zu müssen. Verstärkt wurde er teilweise durch Bedenken, den neuen Anforderungen nicht genügen zu können. Zudem war für manche einschüchternd, dass sie nicht wussten, was sie im Gymnasium erwartete und ihre ehemaligen Freunde aus der Primarschule auf eine andere Schule wechselten. Ferner berichtet der Großteil vom dominierenden Gefühl, sich anstrengen zu müssen und gleichzeitig Bedenken zu haben, im Gymnasium wirklich Fuß fassen zu können.

Die dahinter verborgene Frage »Bin ich gut genug?« ist Thema dieses Kapitels. Deutlich wird, dass diese Bildungsaufsteigerinnen und -aufsteigern auch konflikthafte Erfahrungen wie Erfolgsskepsis und Angst vor dem Scheitern machten. Nie ging es lediglich um positive Emotionen, Vorbilder oder Nachahmungsdrang.

Ans eigene Können glauben: die große Herausforderung

Angepasstes Verhalten wird honoriert. Aus verschiedenen Untersuchungen ist bekannt, dass Fleiß, Leistungsbereitschaft und konformistisches Verhalten eine Rolle spielen und mit guten Noten honoriert werden, währendem nonkonformistisches Verhalten mit Nichtanerkennung und Diskriminierung einhergehen kann (Uhlig et al., 2009; Maaz et al., 2011).

Diese empirische Tatsache wird auch durch unsere Studie zur Selbsteinschätzung der Persönlichkeitsmerkmale bestätigt (Tabelle 7). Jenseits der Differenzierung durch unsere vier Cluster schätzen sich die Befragten im Durchschnitt so ein, wie Lehrkräfte in der Regel »ideale« Schülerinnen und Schüler beschreiben. Neben intellektueller Neugier sind Hilfsbereitschaft, Motivation, Zuverlässigkeit, Fleiß und Autoritätsgläubigkeit die Merkmale mit den höchsten Werten, gefolgt von Hartnäckigkeit, Herausforderungen bewältigen und Perfektionismus. Allerdings deutet das schwach ausgeprägte Selbstvertrauen – also an das eigene Können zu glauben – auf die Angst vor dem Versagen und auf die eigene Zerrissenheit vor dem Übertritt ans Gymnasium hin.

Was lässt sich aus diesen Ergebnissen schliessen? Erstens, dass sich manche theoretischen Annahmen in unseren Befunden nicht spiegeln. Beispielsweise die

Tabelle 7: Selbsteinschätzung der Persönlichkeitsmerkmale vor dem Übertritt ins Gymnasium

Variable	MW	SD
Intellektuelle Neugier	4.14	1.02
Hilfsbereitschaft	3.97	1.14
Motivation	3.93	1.12
Angst vor dem Versagen	3.51	1.26
Zuverlässigkeit	3.57	1.11
Fleiß	3.58	1.23
Autoritätsgläubigkeit	3.31	1.28
Hartnäckigkeit	3.52	1.16
Herausforderungen bewältigen	3.37	1.23
Perfektionismus	3.35	1.19
Selbstvertrauen: An das eigene Können glauben	2.91	1.14
MW: Mittelwert; SD: Standardabweichung; Skala 1–5; 1=stark unterdurchschnittlich; 5=stark überdurchschnittlich.		

oft rezipierte Überzeugung, die Schichtzugehörigkeit würde sich »leider« auf die Entwicklung der Kinder derart auswirken, dass sie in geringerem Maß Leistungsbereitschaft, Ehrgeiz oder Fleiß zeigen. Selbstverständlich lassen sich derartige Erkenntnisse in Studien zu leistungsschwachen Kindern aus benachteiligten Verhältnissen empirisch nachweisen (Solga & Wagner, 2016). Doch unsere Studie macht deutlich, dass für begabte Arbeiterkinder eher Gegenteiliges stimmt. Mehr noch – und das ist der zweite wichtige Aspekt: Ein relativ großer Anteil unserer Studienteilnehmenden ist im Rückblick überzeugt, personale Faktoren seien ausschlaggebend für ihren Erfolg gewesen. Gleichwohl sind sie nicht grundsätzlich von sich überzeugt. Der Glaube an des eigenen Glückes Schmied hat eine markante, oft unterbelichtete Kehrseite: die Angst vor dem Ungenügen und dem Versagen.

Gute Noten und trotzdem Bedenken

Fleiß, Hartnäckigkeit oder Konformität sind nach wie vor für den Aufstiegserfolg bedeutsam. Auch Noten haben heute immer noch eine ebenso große Bedeutung. Seit den repräsentativen Untersuchungen von Wilfried Bos et al. (2012) respektive Nele McElvany et al. (2023) hat sich wenig geändert. Manche unserer Befragten berichten von sehr guten Noten, die unbedingt notwendig gewesen seien, um überhaupt eine Gymnasialempfehlung zu erhalten. Gleichwohl – und das ist der springende Punkt – hatten mehr als 60 Prozent Bedenken, den Schritt Richtung Akademia tatsächlich zu wagen.

Es ist somit wenig erstaunlich, dass sich Befragte zwar als motivierte und fleißige Jugendliche beschreiben (Cluster 1 und 2), aber auch als Selbstzweifelnde (Cluster 1 und 3) und relativ selten als Selbstüberzeugte (Cluster 4). Offenbar gilt für manche das Paradox »Stärke durch Schwäche«. Dabei geht es keinesfalls nur um Grundsätzliches, sondern oft um das, was fehlte, für Bildungsprofilierte jedoch fast normal ist: das Allgemein- oder Weltwissen.

Trotzdem ist das mangelnde Selbstvertrauen kein Alleinstellungsmerkmal von Arbeiterkindern, auch für solche aus gut situierten Familien trifft das nicht selten zu – vor allem auch in Bezug auf die Frage »Bin ich gut genug?« (Kapitel 4). Der Übertritt ans Gymnasium ist für die meisten Kinder eine nicht zu unterschätzende Herausforderung. Gleichzeitig haben Kinder aus privilegierten Familien oft ein Elternhaus, das sie unterstützt, fördert und begleitet – manchmal auch fast überfördert (Stamm, 2022).

Selbstüberzeugt, doch mit Außenseiterstatus

Erfahrungen, dass vom häuslichen Umfeld nicht mit Unterstützung zu rechnen ist, kann auch wie bei Michaele zu einzelkämpferischem Alleingang führen. In unserer Clusteranalyse berichtet fast die Hälfte der Befragten im Zusammenhang mit dem Übertritt ans Gymnasium über Fremdheitserfahrungen als Außenseiterin oder Außenseiter. Dies trifft in erster Linie für »Die hartnäckigen Fleißigen« und »Die selbstüberzeugten Distanzierten« zu. Während im ersten Typ das Gefühl sozialer Isolation eine Rolle spielt, überwiegt im zweiten Typ eher das Gefühl, sich im akademischen Milieu nicht so recht anzukommen. Solche Erfahrungen glichen sie durch überragende akademische Leistungen aus – so wie dies Michaele (FS 7) nachfolgend berichtet.

Michaele (34, angehender Spezialarzt Ophthalmologie)

Michaele hat vor zwei Jahren das Staatsexamen gemacht und ist auf dem Weg zum Ophthalmologen. Momentan ist er in einem Zwischenjahr daran, das Französisch in Paris aufzufrischen, weil er anschließend eine Stelle als Assistent in Genf antreten wird. Michaele hat eine schwierige Kindheit und Jugendzeit hinter sich. Als erstes Kind einer übergewichtigen, nervösen und psychisch angeschlagenen Mutter, die als Kassierin arbeitete und eines zwar liebevollen, aber hilflosen Vaters geboren, musste er beide Eltern in den ersten Lebensjahren häufig entbehren. Die Mutter wurde verschiedentlich über längere Zeit psychiatrisch betreut, der Vater – er arbeitete als Montagearbeiter – war arbeitshalber teilweise mehrere Wochen hintereinander abwesend. Michaele und die um ein Jahr später geborene Schwester wurden in dieser Zeit von einer Tagesmutter betreut.

Heute sagt Michaele, seine wichtigste Bezugsperson sei die Tagesmutter gewesen, gewissermaßen das Fundament seines Bildungsaufstiegs. Sie war eigentlich Jugendpsychiaterin, probierte aber während drei Jahren eine Opting-out-Phase aus und betreute neben dem eigenen Kind auch Michaele. Diese Tagesmutter entfachte in Michaele den Wunsch, Arzt zu werden. Sie gab ihm mit auf den Weg, dass man mit genug Zielstrebigkeit und einem hohen Engagement fast alles erreichen könne. Und sie lehrte Michaele auch, seine Ängste abzulegen und an sich selbst und seine Begabungen zu glauben – trotz seiner bescheidenen Herkunft. Das Gymnasium schaffte er ohne Probleme, nicht zuletzt, weil er nicht nur ein sehr guter und hoch motivierter Schüler war, sondern zunehmend auch Vertrauen in die eigene Leistungsfähigkeit entwickelte.

Trotzdem blieb Michaele ein eher introvertierter junger Mann, der viel Zeit hinter den Büchern verbrachte. Im Rückblick sagt er, er habe sich oft als Einzelkämpfer wahrgenommen und als Außenseiter gefühlt.

IV Väter und Mütter, Söhne und Töchter

Kapitel 10: Unterstützende Mutter – skeptischer Vater?

Familien vertreten oft Werte, die mit dem Herkunftsmilieu übereinstimmen. Geht es um den Schulerfolg des Nachwuchses, gelten für bildungsambitionierte Mittelschichteltern oft Leistungsoptimierung und Intelligenz sowie die Bereitstellung von Förderressourcen als wichtige Prinzipien. In einfach gestellten Familien sieht es eher anders aus. Mehrheitlich haben sie geringere schulische Ambitionen, entweder aufgrund von Familien- und negativen Schulerfahrungen oder wegen ihren beruflichen Arbeitsbedingungen. Solche Aspekte können ihre Präsenz und ihr Engagement in der Schule erschweren. Gleichwohl betrachten manche dieser Eltern die Lehrkräfte als diejenigen Personen, die entscheiden können, was aus ihrem Nachwuchs werden soll.

Gemäß dem Mittelschichtbias (Kapitel 1) orientiert sich die Schule primär an den Werten, die in gut situierten Familien gelten (Langer, 2014). Familiäre Praktiken und Erziehungsmuster werden – zumindest implizit – an solchen Standards gemessen, weshalb Kinder aus einfachen Milieus eher als defizitär oder als behandlungsbedürftig eingestuft werden. Unsere Studie kommt zu einem differenzierteren Schluss. Zwar stammt etwa ein Drittel der Teilnehmenden aus Familien, in denen die Defizitsicht überwog. Doch gesamthaft besehen lässt sich das Leben in einer Arbeiterfamilie nicht per se mit Bildungsferne gleichsetzen, hervorgerufen durch eine unzureichende Erziehungs- und Förderpraxis.

In diesem Kapitel geht es um familiären Strukturen, in denen die Befragten aufgewachsen sind, um Gesellschaftsbilder der Eltern sowie um die Schlüsselrolle, die den Müttern zugeschrieben wird. Im Gegensatz zur verbreiteten These, wonach sich Arbeitereltern nicht für einen akademischen Bildungsweg ihres begabten Kindes interessieren und einsetzen, zeichnen unsere Ergebnisse ein vielfältigeres Bild. Väter und Mütter wurden von den Befragten manchmal als emotional und strategisch unterstützend beschrieben, manchmal aber auch als hilflos, weil sie nicht wussten, wie sie sich verhalten sollten und manchmal gar als ablehnend, wenn es um den Weg in die Akademia ging.

Lernen zu Hause und fehlende Finanzen

Unsere Clusteranalyse in Kapitel 8 hat vier Typen generiert, die sich deutlich voneinander unterscheiden, jedoch einen gemeinsamen Nenner haben: Die Befragten sind in Familien aufgewachsen, in denen finanzielle Probleme den Alltag bestimmten. Fast durchgehend hatten sie Väter mit physisch anspruchsvollen Berufstätigkeiten, die oft Schichtarbeit oder kontrollausübende, monotone Arbeit am Fließband und unter Akkordruck beinhalteten. Zwar arbeiteten die meisten Mütter als Hausfrauen, doch fast alle waren darüber hinaus außerhäuslich berufstätig, sei es als Putzfrau, Schichtarbeiterin, Serviererin oder Haushalthilfe. Weil das Geld fehlte und Sparen ein großes Thema war, waren für die Kinder Ferienjobs fast zwingend, um etwa einen Beitrag an die Fahrtkosten ans Gymnasium, die Anschaffung eines Fahrrads, für Schulbücher oder Jahresgebühren zu leisten. Obwohl einige Familien gewerkschaftlich engagiert waren und dies das häusliche Leben durch Besuch von Gleichgesinnten oder politische Diskussionen beeinflusst hatte, dominierte ein striktes Verhältnis das Zusammenleben. Manche Väter und Mütter verstanden die Familie als Refugium, als Abschottung gegenüber der Außenwelt. Das Wohnzimmer war der Ort der Sauberkeit, in dem Verwandte empfangen wurden. Darüber berichtete eine Teilnehmerin:

>>Meine Eltern wollten für sich sein. Außerhalb der Familie begegneten sie anderen Menschen mit freundlicher Distanz. Zu uns nach Hause kamen meist nur Verwandte. Mein Vater war der Ansicht, dass man Freundschaften jenseits der Verwandtschaft aus dem Weg gehen sollte. Überhaupt wurde unser Leben bestimmt durch den Vater, sein Nachhausekommen sowie durch seine körperliche Erholung. Er galt als Boss, obwohl die Mutter nicht untergeordnet war, zumindest nicht so, wie heute immer behauptet wird.<< Magdalena, 35 (Berufsschullehrerin)

Was bedeutete dies für unsere Befragten? Unter anderem, dass die Mehrheit das Lernen zu Hause als schwierig wahrnahm. Wer lernen wollte, musste sich von der Atmosphäre der Häuslichkeit, die sich auf das Leben im Wohnraum zentrierte, geistig absondern. In der Regel hatten sie kein eigenes Zimmer, weshalb die Schulaufgaben an der Ecke eines Tisches absolviert werden mussten. Manchmal wurde dieser Tisch auch für Heimarbeit der Mutter gebraucht.

Zwischen emotionaler Stütze und Hilflosigkeit

Nahezu alle unserer Befragten kennen Gefühle des >>unten und oben<<, wenn es um familiäre und schulische Erfahrungen geht. Sie berichten von Vätern, die das ganze Leben lang den gleichen Beruf ausübten und ein enormes berufliches Leistungsbewusstsein an den Tag legten. Dieses konzentrierte sich auf die körperliche Arbeit, und oft war es auch mit einem gewissen Berufsstolz als Arbeiter verbunden, der zum intellektuellen Arbeitsethos >>der Oberen<< einen Gegensatz bildete. Wer hingegen einen Elternteil hatte, der erst später noch eine Berufslehre absolvierte, machte zusätzliche Erfahrungen. So berichtet der Historiker Reto, seine Mutter habe ihm mit ihrem ungewöhnlichen Berufsweg die Zuversicht für eine akademische Laufbahn mitgegeben:

»Meine Mutter hat erst unmittelbar vor ihrer Heirat eine Lehre als Verkäuferin gemacht. Nachher hat sie immer in diesem Beruf gearbeitet, während mein Vater während des ganzen Berufslebens Sanitätsinstallateur blieb und dem Gymnasium nicht viel Sympathie abgewinnen konnte. Doch meine Mutter war überzeugt, dass sich die Investition in meine akademische Ausbildung lohnt.«
Reto (37, Historiker)

Retos Mutter steht mit ihrer Haltung exemplarisch für gut ein Drittel der Familien, die in irgendeiner Weise den Weg ans Gymnasium unterstützten oder zumindest ermöglichen wollten. Die verbreitete Formel »Arbeitereltern sind gegen das Gymnasium« muss teilweise revidiert, zumindest aber differenziert, werden. Das machen unsere Ergebnisse mehr als deutlich. So lassen sich unterschiedliche Elterneinstellungen eruieren, wobei drei Ausprägungen besonders hervorstechen:

- *Du kannst es versuchen, aber du darfst nicht scheitern!* Diese Eltern waren dem Gymnasium gegenüber ambivalent-skeptisch eingestellt, beugten sich aber der Hartnäckigkeit ihres Kindes, jedoch ohne Unterstützung der Pädagoginnen und Pädagogen. Für Sohn oder Tochter bedeutete dies, unbedingt erfolgreich sein zu müssen und nicht scheitern zu dürfen. Dieses Muster findet sich in unserer Typologie vor allem im ersten Cluster »Die hartnäckigen Fleißigen«.
- *Das kommt nicht gut!* Hinter dieser warnenden Aussage steckt eine ablehnende Einstellung gegenüber dem Wechsel ans Gymnasium. Solche Befragte wurden stark vom Elternhaus gebremst. Ihre Väter und Mütter wünschten sich in erster Linie, der Nachwuchs solle seinen Wurzeln treu bleiben. Das kann auch als Zeichen von Widerstand verstanden werden, die sich in Aussagen wie »Wir gehören nicht dorthin« oder »Du übertreibst mit deinen Zielen« äußerten. Vielleicht steckt dahinter auch lediglich die Sorge, das Kind könnte sich an den »Mehrbesseren« orientieren. In unserer Typologie waren es die selbstüberzeugten Distanzierten, die solchen Wahrnehmungen und Ablehnungen trotzten. Dank ihrem Selbstvertrauen und der Überzeugung, Herausforderungen bewältigen zu können, konnten sie den Weg ans Gymnasium wagen – manchmal unterstützt von Lehrkräften, deutlich seltener von Mentoratspersonen.
- *Wir unterstützen dich auch gegen die Schule!* Ein Teil der Eltern setzte sich gezielt für ihr Kind ein und gegenüber der Schule durch. In unserer Studie kommt diese oppositionelle Tendenz im Cluster »Die familiär Geförderten« zum Ausdruck. Beispielsweise in dieser Bemerkung von Robert:

»Meine Mama scheute sich nicht, der Meinung der Lehrerin zu widersprechen, ich sei auf der Realschule besser aufgehoben. Zusammen mit einer Tante, die das Gymnasium geschafft hatte, bearbeitete sie die Lehrerin so lange, bis sie meinen Weg unterstützte.« Roger (32, Wirtschaftsinformatiker)

Somit stimmt das Vorurteil nicht, Arbeitereltern seien dem Gymnasium gegenüber durchgehend skeptisch eingestellt und es immer Lehrerinnen und Lehrer seien, die pro oder contra Gymnasium entscheiden. Das gilt explizit auch in Bezug auf unsere Studie, in der es ausschließlich um erfolgreiche Heranwachsende geht, welche die Hürde Gymnasium gemeistert haben. Auch wenn Eltern eine emotionale Stütze und manchmal sogar ein Motivationsfaktor für den Weg ans Gymnasium waren, konnten sie ihren Kindern in schulischen Belangen kaum helfen. Solche begrenzenden Familienverhältnisse, fehlende soziale Netzwerke und das in der Regel wenig selbstbewusste Auftreten der Eltern gegenüber der Lehrerschaft bildeten oft die Grundlage für Unsicherheiten dem unbekannten Gymnasium gegenüber. Obwohl dies ein verbreitetes Merkmal der Befragten ist, zeigen sich gleichwohl Unterschiede – auch in Bezug auf das Verhalten von Vätern und Müttern.

Mütter als Herzstück der Erziehung

Eine strenge oder eher strenge sowie robuste Erziehung – das war für die Mehrheit der Teilnehmenden eine Realität ihrer Kindheit. Im Gegensatz zu gut situierten Klassenkameradinnen und -kameraden wurden sie allerdings weniger kontrolliert. Oft durften sie die Freizeit unbeaufsichtigt verbringen, mussten jedoch auf jüngere Geschwister aufpassen oder wurden vom älteren Bruder oder der älteren Schwester beaufsichtigt.

Aus der Rückschau war die Mutter vor allem für die Männer das Herzstück der Erziehung (Tabelle 8). Frauen bezeichneten ihre Erziehung im Vergleich zu Männern als strenger, die Beziehung zum Vater aber als besser. Für diese war die Beziehung zur Mutter jedoch eindeutig günstiger. Auch in unseren bisherigen Untersuchungen zu Jugendlichen in der Berufsbildung oder zu den Leistungsbesten in Berufswettbewerben hat sich die Mutter insbesondere für junge Männer als Herzstück und als Subjekt der Erziehung herausgestellt (Stamm, 2020a). Somit sind die vorliegenden Erkenntnisse keine Überraschung.

Tabelle 8: Erziehung sowie Beziehung zu Vater und Mutter

	Männer (N=146)	Frauen (N=151)	Stichprobe (N=296)
Strenge/eher strenge Erziehung*	4.21	4.41	4.30
Gute Beziehung zum Vater	2.98	3.03	3.00
Gute Beziehung zur Mutter**	3.35	3.00	3.15
MW = Mittelwert; Auskünfte auf fünfstufiger Skala, höhere Werte bedeuten ausgeprägtere Ausmaße der Variablen; *p<.05; **p<.01			

Allerdings wurde die mütterliche Rolle und Motivation auch als zweischneidig wahrgenommen. Einerseits beschreiben Befragte die Mama als warmherzig, aber auch als unnachgiebig wie das nachfolgende Beispiel von Marcel (FS 8) zeigt. Gleichzeitig bekommt Marcels Vater auch eine emotionale Bedeutung. Er war gewerkschaftlich organisiert und setzte sich sehr für seinen Sohn ein. Ähnliches formuliert Renate (FS 5), die mit ihrem Stiefvater über das Hobby des Schachspiels eine intensivere Beziehung zu ihm aufbauen konnte.

Marcel (33, wissenschaftlicher Mitarbeiter im Fachbereich Psychologie)

Beide Eltern von Marcel haben einen Volksschulabschluss. Der Vater war städtischer Angestellter im Abfuhrwesen, musste aber bereits mit 35 Jahren in Rente gehen aufgrund eines Unfalls. Er war Gewerkschaftsmitglied und im Grunde genommen stolz auf seine Herkunft. Die Mutter hatte ihn mit zwanzig Jahren geheiratet, war dann Haushalthilfe in verschiedenen bildungsbürgerlichen Familien und zusätzlich Serviceangestellte in einem Restaurant.

Marcel berichtet von sich, er sei ein trotziges Kind gewesen, eine richtige »Kratzbürste« wie die Mutter zu sagen pflegte. Marcel sagt, er hätte die Mutter sehr geliebt, doch erinnerte er sich mit Graus an ihre Schläge bei »Ausfälligkeiten« wie er sagt. Er gab zu Protokoll, er habe zu ihr oft gesagt »Hör auf, das tut weh!« Sie habe dann jeweils geantwortet »Ich habe dich ja so lieb«. Beim Vater sei es nie so ausgeprägt gewesen, doch gab es auch keine so innige Beziehung. Die Mutter habe ihn geliebt, aber hart bestraft, der Vater sei warmherzig, trotzdem aber irgendwie distanziert, gewesen.

Die Erziehung lag vor allem in den Händen der Mutter. Marcel erklärt seine Trotzigkeit als Ursache dafür, weshalb die Mutter eben einschreiten musste. Der Vater war hingegen eine eher atypische Figur, weil er zwar vom Status her Ernährer der Familie war und damit Hausvorstand. Marcel sagt, als gewerkschaftlich orientierter Mann habe er kein sehr gutes Bild von den Jugendlichen gehabt, die üblicherweise aufs Gymnasien gehen. Aber vielleicht wegen der ablehnenden Meinung des Grundschullehrers, das Gymnasium sei nichts für Marcel, habe er ihn tatkräftig unterstützt. Der Vater sei ihm auch immer emotional zugetan gewesen, auch wenn er ihn kaum einmal in die Arme genommen habe.

Renate (26, angehende Biologin)

Über ihren leiblichen Vater weiß Renate nur, dass er Sanitätsinstallateur war, jedoch Alkoholprobleme hatte und sich das Leben nahm, als sie zwei Jahre alt war. Ihre Mutter arbeitete in der Altenpflege und heiratete wieder, als Renate in den Kindergarten kam. Der Stiefvater war Elektriker mit einer kleinen eigenen Firma. Mutter und Stiefvater lebten nach traditionellen Rollenmustern. Während dem der Vater in der Familie nur eine marginale Rolle spielte, war die Mutter sehr streng, was die Sauberkeit anbelangte. Sie legte viel Wert auf die Wohnungseinrichtung und verbot es Renate, jemanden nach Hause einzuladen.

Obwohl die Mutter zu sechzig Prozent berufstätig war, erledigte sie alle Haushalt- und Betreuungsarbeit allein. Renate musste deshalb früh selbständig werden, weil nie jemand wirklich Zeit für sie hatte. Weder unternahm die Familie gemeinsame Ausflüge, noch fuhr sie in den Urlaub. Wenn man sich etwas leistete, dann am ehesten einen neuen Fernseher.

Renate wurde schon im Kindergarten als sehr intelligent eingestuft, weil sie bereits lesen konnte. Dass sie ein zurückgezogenes Kind war, interpretiert Renate heute mit dem Verbot der Mutter, Mädchenfußball spielen zu dürfen. Deshalb vertrödelte sie die Zeit zu Hause. Erst als in der vierten Klasse ein Schachklub in der Schule angeboten wurde, durfte sie mittun.

Da Renates Stiefvater früher auch Schach gespielt hatte, ergab sich nun über dieses Hobby eine intensivere Beziehung zwischen den beiden. Von da an blühte Renate auf. Sie wurde in Mathematik zu einer der Klassenbesten, gewann Freundinnen und Freunde und wurde in der Klasse immer besser integriert. Für die Lehrerin wurde nun klar, Renate soll das Gymnasium besuchen. Doch die Mutter scheute die Kosten. Sie sagte, das sei nicht zu leisten. Anders der Stiefvater, der das Gymnasium unterstützte und sogar Überstunden leistete, um die Zusatzkosten aufzubringen. Das festigte das emotionale Verhältnis zwischen den beiden.

Kapitel 11: Macht das Geschlecht einen Unterschied?

Die Bildungslandschaft wird immer noch stark vom Geschlecht als strukturierende Kategorie geprägt. Während solche Vorstellungen in der wissenschaftlichen Diskussion relativiert werden, zeigen sich in elterlichen Bildungsaspirationen oder in Lehrererwartungen nach wie vor relativ deutlich ausgeprägte geschlechtsbezogene Vorstellungen (Hoya, 2021; Lorenz et al., 2016; Niederhauser, 2017). Doch wie sehen sich unsere Befragten selbst? Gibt es ähnliche Geschlechtsunterschiede wie dies für die Allgemeinheit empirisch nachgewiesen wird, und falls ja, wie bilden sich diese in den Biografien ab? Bekanntlich ist langfristig besehen die Aufstiegsmobilität der Frauen höher als die der Männer.

Solche Fragen sind Thema dieses Kapitels. Zwar gibt es ein paar bemerkenswerte Differenzen, doch unterscheiden sich unsere Ergebnisse kaum von bisherigen Forschungserkenntnissen. So wurden die Söhne von den Eltern eher beim Weg aufs Gymnasium unterstützt als die Töchter, und diese berichten im Rückblick von weniger Selbstbewusstsein und mehr Selbstzweifeln.

Überlegene Mädchen – auch beim Bildungsaufstieg

Es ist fast pädagogische Folklore geworden: Junge Frauen erzielen ebenso hohe Bildungsabschlüsse wie junge Männer oder gar höhere. Übertragen auf Arbeitermilieus geht die Forschung teilweise davon aus, die doppelte Benachteiligung der Arbeitertöchter in Bezug auf Herkunft und Geschlecht sei verschwunden (Geißler, 2014). Die OECD (2017) hat die intergenerationelle Aufstiegsmobilität untersucht, definiert als Position einer erwachsenen Person im Vergleich zur Position ihrer Eltern (Tabelle 9). Dabei sind größere Geschlechterunterschiede feststellbar, insbesondere die ausgeprägtere Aufstiegsmobilität von Frauen, bei den Männern sind es 35 Prozent Aufsteigende, bei den Frauen 40 Prozent.

Auffallend ist, dass in allen deutschsprachigen Staaten die Bildungsaufstiege beider Geschlechter unter dem OECD-Durchschnitt liegen, währenddem Italien, Spanien und Schweden deutlich mehr Bildungsaufsteigerinnen und Bildungsaufsteiger verzeichnen. In allen Ländern ist die weibliche Aufstiegsmobilität höher.

Es liegen aber auch Studien vor, die für Frauen geringere soziale Aufstiegschancen aufweisen. Die Autorinnen Andrea Leitner und Andrea Wroblewski (2019) interpretieren ihren Befund so, dass der Effekt der Bildungsexpansion – von dem insbesondere Frauen profitiert haben – nunmehr nachlasse. Es gäbe

Tabelle 9: Bildungsaufstiege* nach Geschlecht (OECD, 2017)

Staat	Männer	Frauen
Österreich	26 %	28 %
Deutschland	20 %	22 %
Schweiz	32 %	34 %
Spanien	40 %	50 %
Italien	41 %	50 %
Niederlande	36 %	41 %
Schweden	41 %	48 %
OECD-Durchschnitt	35 %	40 %
*Aufstiegsmobilität, definiert als das Übertreffen des Bildungsstandes der Eltern		

eine deutliche Tendenz der Abflachung der Mobilitätschancen für die jüngste Generation und zwar für Frauen und Männer gleichermaßen.

Doch um zu erfahren, welche Rolle Familie und Schule beim Übertritt ins Gymnasium spielt, braucht es neben dem Fokus auf das Geschlecht als strukturierende Kategorie auch den Blick auf die Rolle von Familie und Schule. Unsere Studie macht aus der Sicht der Teilnehmenden deutlich, dass den Frauen des Öfteren mehr Steine in den Weg gelegt worden sind als den Männern.

Gymnasium für Söhne, Berufslehre für Töchter?

Auffallend oft haben Frauen im Rahmen der Untersuchung in den Zusatzbemerkungen festgehalten, das Elternhaus hätte sie in einer Berufslehre sehen wollen und nicht am Gymnasium. Diese Tendenz wird auch in den Analysen deutlich (Tabelle 10). Eltern wünschten für ihre Töchter signifikant häufiger als für ihre Söhne eine Berufslehre und unterstützten diese auch deutlich stärker auf dem Weg ans Gymnasium.

Tabelle 10: Wahrgenommene Elternunterstützung, differenziert nach Geschlecht

	Männer (N=146)	Frauen (N=151)	Stichprobe (N=296)
Eltern wollten für mich eine Berufslehre.*	2.78	3.44	3.11
Eltern unterstützten meinen Weg ans Gymnasium.*	2.93	2.54	2.72
MW = Mittelwert; Auskünfte auf fünfstufiger Skala, höhere Werte bedeuten ausgeprägtere Ausmaße der Variablen; * p<.05			

Ähnliches gilt für Lehrkräfte. Sie hatten sich aus der Perspektive der Befragten eher geschlechtsspezifisch verhalten, indem sie die Eltern von Jungen signifikant häufiger vom Gymnasium zu überzeugen versuchten als Eltern von Mädchen, diesen jedoch eher eine Berufslehre nahelegten.

Tabelle 11: Wahrgenommene Lehrerunterstützung, differenziert nach Geschlecht

	Männer (N=146)	Frauen (N=150)	Stichprobe (N=296)
Der Grundschullehrer/die Grundschullehrerin hat versucht, meine Eltern vom Gymnasium zu überzeugen.*	3.00	2.61	2.80
Der Grundschullehrer/die Grundschullehrerin hat versucht, mich von einer Berufslehre zu überzeugen.	2.24	2.47	2.38
MW = Mittelwert; Auskünfte auf fünfstufiger Skala, höhere Werte bedeuten ausgeprägtere Ausmaße der Variablen; *p<.05			

Was lässt sich aus diesen empirischen Ergebnissen schließen? Dass sowohl der Ablenkungswille der Eltern als auch der Lehrkräfte im Hinblick auf die Absolvierung einer Berufslehre nicht funktionierte und dies für das weibliche Geschlecht stärker zutraf als für das männliche Geschlecht. Darauf haben manche der Befragten mit noch mehr Ehrgeiz oder Trotz reagiert, nach dem Motto »Ich werde es Euch zeigen«. Marina drückt dies so aus:

»Entscheidend war die ablehnende Haltung meines Vaters gegenüber meinem Wunsch, ins Gymnasium überzutreten. Meine Mutter hielt sich eher zurück, während der Vater überzeugt war, ich sei dort überfordert. Doch genau diese Aussage hat mich trotzig gemacht. Jetzt erst recht! sagte ich mir. Und ich war erfolgreich. Heute bin ich eine Akademikerin. Zwar musste ich sehr viel arbeiten, und auch heute noch habe ich immer wieder das Gefühl, nicht gut genug zu sein.« Marina (36, Tierärztin)

Weniger Selbstbewusstsein, mehr Selbstzweifel: Merkmale unserer Bildungsaufsteigerinnen

Junge Männer haben im Vergleich zu jungen Frauen ein höheres Selbstvertrauen bei gleichzeitig geringeren Selbstzweifeln und weniger Perfektion. Dieser bekannte empirische Befund (Kay & Shipman, 2014; Niederbacher & Neuenschwander, 2020) spiegelt sich auch überzufällig deutlich in unserer Studie (Tabelle 12). Während die Unterschiede zwischen den Geschlechtern in vielen Merkmalen zufällig sind, hatten Frauen als Kinder deutlich mehr Angst vor dem Versagen und es nicht zu schaffen (Selbstzweifel) gehabt und davon, Herausforderungen nicht bewältigen zu können. Auch hatten sie weniger Selbstvertrauen und bezeichneten sich als besonders perfektionistisch.

Tabelle 12: Selbsteinschätzung der Persönlichkeitsmerkmale nach Geschlecht

	Männer (N=146)	Frauen (N=150)	Stichprobe (N=296)
Intellektuelle Neugier	4.16	4.12	4.14
Motivation	3.96	4.00	3.98
Hilfsbereitschaft	3.83	4.01	3.91
Fleiß	3.68	3.89	3.58
Hartnäckigkeit	3.64	3.59	3.61
Selbstzweifel, es nicht zu schaffen**	3.60	4.02	3.81
Zuverlässigkeit	3.33	3.51	3.57
Herausforderungen bewältigen*	3.52	3.25	3.43
Perfektionismus*	3.12	3.44	3.35
Autoritätsgläubigkeit	3.22	3.42	3.31
Selbstvertrauen: An eigenes Können glauben**	3.11	2.76	2.91
MW = Mittelwert; Auskünfte auf fünfstufiger Skala, höhere Werte bedeuten ausgeprägtere Ausmaße der Variablen; *p< .05; **p<.01			

Mit Bezug auf die markanten Geschlechtsunterschiede im Selbstvertrauen und dem Selbstzweifel ließe sich argumentieren, solche Differenzen seien auf die Biologie zurückzuführen. Allerdings wissen wir heute, dass der Mensch weder allein von den Genen, noch durch die Umwelt geprägt wird. Es ist eher ein Konglomerat von anlage- und umweltbedingten Faktoren sowie von dem, was der Mensch aus sich selbst macht. Mädchen werden jedoch nach wie vor mehr zu Anpassung und sozialer Konformität, Jungen stärker zu robustem Verhalten und Ablösung erzogen (Kay & Shipman, 2014; Stamm, 2020b). Dies gilt auch für unsere Studie (Kapitel 10). Solche Mechanismen führen bei Mädchen verstärkt zu hohen persönlichen Leistungsansprüchen und zu perfektionistischem Verhalten, alles mit viel Fleiß und Akribie fehlerfrei schaffen zu wollen. Dies kommt im weiblich dominierten Cluster der »fleißigen Hartnäckigen« zum Ausdruck. Rita gab Folgendes zu Protokoll:

»Ich hatte früh schon Angst, zu versagen. Das hat mich angetrieben, äußerst hart zu arbeiten, weshalb ich bereits eine Leistung im Durchschnittsbereich als Misserfolg wertete.« Rita (28, Psychologin)

Das eher weiblich geprägte Impostor-Phänomen

Manche Menschen müssen sich alles erarbeiten. In unserer Studie gilt dies für beide Geschlechter, doch stärker für Frauen als für Männer. Frauen mussten sich das Gymnasium mehr erkämpfen und sich auch gegen eine Ablenkung in die Berufslehre der Eltern und der Lehrkräfte deutlicher wehren. Obwohl sie erfolgreich waren, zweifelten sie stärker an sich. Die Forschung geht davon aus, dass die Wurzeln in der Kindheit liegen und in den sozialen Erwartungen (Gazdag et al., 2018; Rohrmann, 2019). Sicher ist das Phänomen das Ergebnis einer komplexen Interaktion zwischen Anlage- und Umweltfaktoren, wobei die Sozialisation eine besondere Rolle spielt. Geringe schulische und familiäre Erwartungen können bei ehrgeizigen Kindern eine starke Leistungsorientierung erzeugen und eine unbändigen Willen, begleitet vom Drang, es zu schaffen. So lässt sich das eher niedrige Selbstvertrauen stärken oder die relativ großen Selbstzweifel zumindest teilweise minimieren. Genau deshalb wachsen solche junge Menschen mit dem Gefühl auf, ihr Wert hänge von der Leistung ab, weshalb sie sich vor allem über gute Leistungen definieren. So steigt die Angst vor dem Versagen und dem Auffliegen der vermeintlichen Inkompetenz.

Die Forschung spricht vom »impostor phenomenon«, zu Deutsch Hochstapler-Phänomen. Der Begriff ist etwas verwirrend, weil man unter einem Hochstapler oder einer Hochstaplerin normalerweise eine Person versteht, deren Erfolg einer Vortäuschung falscher Tatsachen gleichkommt. Das Hochstapler-Phänomen beschreibt jedoch in unserer Studie vor allem Mädchen, die beim Übertritt ins Gymnasium eher tiefstapelten. Manche von ihnen – wie das nachfolgende Beispiel von Eva (FS 2) verdeutlicht – hatten das Gefühl, ihren Erfolg erschlichen zu haben.

Eva (29, angehende Gymnasiallehrerin)

Mit einer älteren Schwester wuchs Eva am Rande einer Großstadt auf. Die Mutter war Hausfrau und verdiente gelegentlich Geld in einem Supermarkt. Der Vater war Rangierer bei der Bundesbahn. Im Gegensatz zur älteren Schwester war Eva eine sehr gute Schülerin. Sie wollte ins Gymnasium, aber die Eltern konnten dieser Idee nicht viel abgewinnen. Trotzdem insistierte Eva immer wieder. Nun gaben die Eltern – vor allem die Mutter – nach, allerdings unter einer Bedingung: »Wenn du Probleme in der Schule bekommt, musst du wieder austreten.«

Eva trat mit Bedenken ins Gymnasium über, weil dies für sie eine große Umstellung bedeutete. Aus der Rückschau sagt sie von sich, zu Beginn sei sie keine besonders gute Schülerin gewesen. Ein wichtiger Grund war die Mutter, die immer wieder sagte: »Wenn du nicht vorwärtskommst, blamieren wir uns vor der Verwandtschaft.« Eva wurde am dem zweiten Jahr im Gymnasium eine enorm ehrgeizige Schülerin, die nur nach Bestnoten strebte und immer Angst vor dem Versagen hatte.

Auch heute noch setzt sie sich hohe Leistungsstandards und sagt im Rückblick: »Nur mit starkem Willen habe ich es geschafft. Mein Aufstieg wurde möglich, aber er hat mir enorm viel abverlangt. Auch heute noch habe ich manchmal das Gefühl, dass ich besser scheine als ich bin.«

Kapitel 12: In zwei Welten leben?

Unsere Befragten konnten die Hürden an das Gymnasium zu wechseln erfolgreich überwinden. Dabei ging es auch um Anforderungen, auf welche die Familie sie nicht hatte vorbereiten können. Erwartungen ans Gymnasium werden in der Regel für Mittelschichtgruppen, aber kaum für Arbeiterkinder formuliert. Auch wenn sie sehr gut in der Schule sind, gerät ihr Selbstbewusstsein im Gymnasium oft aus dem Gleichgewicht, weil sie nun mit mehr leistungswilligen und -fähigen Heranwachsenden zusammen sind, aber seitens Erwachsener selten Unterstützung bekommen.

Ein leistungsstarkes Umfeld kann für das Selbstbewusstsein eher ungünstig sein. Fischteicheffekt heißt dieses Phänomen in der Wissenschaft (»*Big-fish-little-pond-Effekt*«, Pekrun et al., 2019). Zwar sind das kaum ausschließlich Probleme von Kindern aus Arbeiterfamilien. Doch anders als solche aus Akademikermilieus haben sie niemanden, der ihnen die Spielregeln erklärt. Zudem müssen sie die schulischen Anforderungen nicht nur allein und ohne Elternhilfe bewältigen, sie werden auch mit dem neuen Habitus konfrontiert, dem sie begegnen. Dies ist ein wesentliches Ergebnis unserer Studie. Die bisherige Mentalität der »Welt der Arbeit« wird ab dem Gymnasium zu einer »Welt des Intellekts«. Dies erfordert ein anderes Verhalten und eine neue Sprache. Dies wiederum kann das Verhältnis zur Herkunftsfamilie beeinträchtigen.

Thema dieses Kapitels sind Herausforderungen der Teilnehmenden im Hinblick auf Werte, Handlungsmuster und Lebensstile, die ihre Kindheit geprägt hatten und mit dem Übertritt ans Gymnasium teilweise entwertet wurden. Dazu gehört auch die Frage nach Distanzierungserfahrungen zur Familie. Allerdings bewahrheitet sich in unserer Studie die wiederkehrende Behauptung keineswegs, wonach die sozialen Kontakte zur Familie und zum Herkunftsmilieu schwierig würden, weshalb das Verhältnis zu den Eltern dauerhaft belastet sei. Für fast alle ist es heute eine Herausforderung, in zwei Welten zu leben oder dies zu lernen. Aber sie sind damit sehr unterschiedlich umgegangen und tun es manchmal auch heute noch. In der Tat ist es zwar nicht selten zu dauerhaft belasteten Beziehungen gekommen, doch häufig waren es lediglich Loyalitätskonflikte oder dann kam es zu gar keiner Trennung oder Distanzierung.

Das Gymnasium als Herausforderung für den Habitus

Das Gymnasium war nicht nur eine herausfordernde Horizonterweiterung für die Befragten, sondern auch ein Ort, an dem sie mit einem neuen Habitus konfrontiert wurden. 69 Prozent waren sich bewusst, am Gymnasium gegenüber besser situierten Peers in der Minderheit gewesen zu sein. Doch in welchen Bereichen stellen sie aus der Rückschau Unterschiede fest? In erster Linie waren es die finanziellen Möglichkeiten der besser gestellten Kolleginnen und Kollegen, ihre Ferienziele und Freizeitaktivitäten, sowie das Weltwissen, die Sprache, Umgangsformen und Kleidung (Tabelle 13). Für die Frauen waren solche Unterschiedlichkeiten prägnanter als für Männer.

Tabelle 13: Wahrgenommene Unterschiede zu gut situierten Peers im Gymnasium

Unterschiede festgestellt in Bezug auf …	Männer (N=146)	Frauen (N=150)	Stichprobe (N=296)
Finanzielle Möglichkeiten und Ferienziele*	3.03	3.27	3.15
Freizeitaktivitäten*	2.78	3.00	2.89
Weltwissen**	3.23	3.53	3.38
Umgangsformen *	2.89	3.13	3.01
Kleidung*	3.22	3.56	3.39
Sprache*	2.99	3.21	3.10
Berufsziele	2.99	2.88	2.93
Freundeskreise	2.56	2.59	2.58
MW = Mittelwert; Auskünfte auf fünfstufiger Skala, höhere Werte bedeuten ausgeprägtere Ausmaße der Variablen; *p< .05; **p<.01			

Das Weltwissen spielt für die Befragten im Rückblick auf das Gymnasium eine wichtige Rolle, deutlich öfters für Frauen als für Männer. Dazu gehört beispielsweise eine gewisse Ahnung von Weltliteratur oder Musiknoten zu haben oder über gezielte Lernstrategien zu verfügen. Evelyne lenkt den Blick auf einen spezifischen Aspekt, auf das Wissen um Sekundärliteratur:

»Mein großer Schock nach ein paar Wochen im Gymnasium war mein Nichtwissen, dass es so etwas wie Sekundärliteratur gibt. Das getraute ich gar niemandem zu sagen. Ich war jeweils sehr verblüfft, wenn Mitschülerinnen und Mitschüler kluge Interpretationen zur Deutschlektüre ableitern konnten. Dabei fragte ich mich immer, warum sie so gescheit sind. Bis ich dahinter kam, dass sie von ihren Eltern mit Lektüren und Interpretationshilfen ausgestattet worden waren. Ich war dann etwas perplex, dass unsere Deutschlehrerin dieses Geheimnis als selbstverständliches Wissen deklarierte.« Evelyne (40, Germanistin)

Doch auch die Unterschiede in den Umgangsformen bleiben manchen Befragten in Erinnerung, weil sie auf den Habitus schliessen lassen. Wie ein Kind erscheint, auftritt und wie es sich verhält, spricht Bände, wie das folgende Beispiel von Paula (FS 12) zeigt.

Paula (38, Logopädin)

Mit drei älteren Schwestern wuchs Paula in einer mittleren Kleinstadt auf. Die Mutter war Hausfrau und verdiente gelegentlich Geld in einer Puppenfabrik. Der Vater arbeitete als Gärtner bei der Stadtverwaltung. Paula war eine sehr gute Schülerin, die von den Eltern nicht gebremst und von der Grundschullehrerin unterstützt wurde. Deshalb trat sie mit großer Freude ins Gymnasium ein, zusammen mit einer Freundin aus der gleichen Klasse, die aus einer einfachen Beamtenfamilie stammte. So konnten sie täglich mit dem Fahrrad den Schulweg gemeinsam zurücklegen. Obwohl Paula auch im Gymnasium eine gute Schülerin blieb, begannen hier Gefühle des Andersseins, als sie sich mit zwei Mädchen aus »gutem Hause« anfreundete und gelegentlich zu ihnen nach Hause eingeladen wurde. In diesen Familien fühlte sich Paula deplatziert. Sie wusste nicht, wie man Pouletschenkel mit Messer und Gabel isst oder eine Avocado verspeist. Auch wunderte sie sich über die gehobenen Gespräche bei Tisch, die sie nicht verstand. In Paula Familie wurde gegessen, ohne groß zu sprechen.

Das nicht einfache Verhältnis zur Herkunft

Auch wenn es das Arbeiterkind mit dem typischen Ausbildungsverlauf nicht gibt, so lassen sich doch Gemeinsamkeiten erkennen. Die Mehrheit der befragten Männer und Frauen hat ein nicht ganz einfaches Verhältnis zur Herkunft. Auch die persönlichen Entwicklungswege und Lernprozesse waren kaum je gradlinig. Manchmal geht sogar eine Trennung von der eigenen Vergangenheit damit einer, wie dies bei Andrea (FS 6) der Fall ist.

Andrea (40, Psychologin)

Andreas Vater war Maurer, die Mutter arbeitete in Heimarbeit und als Serviererin. Andrea berichtet davon, dass sie kein eigenes Zimmer hatte und dieses mit zwei jüngeren Geschwistern teilen musste. Deshalb war Lichterlöschen dann, wenn die Kleinen schlafen mussten. Bücher seien eine Seltenheit in der Familie gewesen, und ein Besuch der Bibliothek oder eines Theaters eine Ausnahme. Im Gegensatz zu anderen Männern und Frauen aus Arbeiterfamilien hadert Andrea manchmal auch heute noch mit ihrem Schicksal. Sie hat sehr darunter gelitten, als Kind aus »einfachen Verhältnissen« bezeichnet zu werden, vor allem, als es um den Übertritt ans Gymnasium ging. Schon als kleines Kind hat sich Andrea für Zahlen und Mathematik interessiert, aber in der Schule fühlte sie sich oft lediglich als Kind eines Arbeiters. Obwohl sie dann trotzdem das Gymnasium absolviert und als gute Schülerin gegolten hat, ist sie – »nur« (wie sie selbst formuliert) Lehrerin geworden. Das Wissenschaftliche hat Andrea trotzdem nie losgelassen, und darum hat sie als über Dreißigjährige – inzwischen verheiratet und Mutter eines Kindes – ein Psychologiestudium absolviert.

Doch ihre Eltern waren gar nicht begeistert. Sie empfanden Andreas Studium als Affront gegenüber ihrem Ehepartner, einem Oberarzt für Innere Medizin. Sie waren der Meinung, Andrea sollten ihn bei seiner Arbeit unterstützen und nicht die eigenen Bedürfnisse ins Zentrum rücken. Doch Andrea ließ sich nicht unterkriegen. Im Rückblick sagt sie, es sei ein schmerzhafter Prozess gewesen, zu erfahren, dass sich Vater und Mutter nicht für ihren Werdegang hätten interessieren können. Heute haben sie sich gegenseitig wenig zu sagen, und Andrea hat sich von der Familie zurückgezogen. Doch sie macht den Eltern keinen Vorwurf. Sie sagt: »Mein Vater und meine Mutter wollten das Beste aus uns Kindern machen, aber das sollte nicht die Akademia sein. Bis zu einem gewissen Grad kann ich das nachvollziehen, aber es schmerzt mich trotzdem. Sie haben sich nie für das, was ich beruflich tue, interessiert. Vielleicht ist dies eine Ursache, weshalb ich mich in ihrer Nähe schnell einmal unwohl fühle. Sie erzählen immer nur von sich selbst.«

Das Fallbeispiel von Andrea steht stellvertretend für ein oft nachhaltiges biografisches Problem begabter Arbeiterkinder. Verschiedene Studien benutzen deshalb sinnbildlich die Metapher der »vielen Welten«, eine Formulierung, die auch von unseren Befragten zur Beschreibung ihrer Situation benutzt wird. Zwar sind ihre Wege ans Gymnasium nicht einheitlich verlaufen. Trotzdem ist ihnen eine ähnliche, allerdings je nach Person mehr oder weniger stark ausgeprägte Etappierung der Bildungsaufstiege gemeinsam, wie sie Aladin El-Mafaalani (2017) anhand von drei Phasen skizziert: (1) diffuse Gefühle, (2) Wandlung des Denkens sowie (3) Distanzierung oder Stabilisierung. Dies sind idealtypische Entwicklungen, weshalb es in der Praxis manche Abweichungen gibt.

- *Phase 1 – Diffuse Gefühle:* Die erste Erfahrung, die manche als Heranwachsende auf ihrem Weg ans Gymnasium machten, war die der Verunsicherung. Sie kamen mit gehobenen Milieus in Kontakt, deren Normen und Werte für sie neu und fremd waren. Die Mehrheit entwickelte in dieser Situation das Gefühl, nicht oder nur am Rande dazu zu gehören und manchmal sogar, minderwertig zu sein. Sollte der Besuch des Gymnasiums erfolgreich werden, galt es, diese negativen Denkmuster ins Positive zu wenden.
- *Phase 2 – Wandlung des Denkens:* Sobald der Übertritt gelungen war, ging es darum, den Anschluss an die neue Ausbildungs- und Lebenswelt zu finden. Etwa, indem verschiedene Formen einer Anbindung erprobt wurden, bis eine passende gefunden war. Das bedeutete für manche, bisher vorhandene Denk- und Handlungsmuster anzupassen und sich möglicherweise so von der Herkunft zu distanzieren. Gelingt dies, spricht die Forschung von erfolgreichen Sozialisationsprozessen. Ist dies nicht der Fall, von Entfremdungsprozessen. Gerade Entfremdungstendenzen wurden manchmal als belastend erlebt und

mit Rückzugsgedanken respektive Gefühlen des Außenseitertums verbunden. verwoben. Dazu gehörte auch die Frage, ob sich das alles lohnt oder man nicht lieber das Handtuch werfen sollte. In unserer Studie sind beide Prozesse zu beobachten (Tabelle 14).

- *Phase 3 – Distanzierung oder Stabilisierung:* In dieser Phase schwanden Rückzugsgedanken, nachdem sich Erfolgserlebnisse in der neuen Lebenswelt eingestellt hatten. Die Erfolge im Gymnasium, das Lob einer wichtigen Bezugsperson oder Freundschaften mit Peers waren für die Befragten wichtige Anhaltspunkte dafür, akzeptiert zu sein und die Transformation in eine neue Welt gelungen war. Dies konnte durch eine langsame Distanzierung von der eigenen Familie ebenso geschehen wie durch eine gelungene Verbindung beider Welten.

Distanzierung von der Familie: Kann sein, muss aber nicht

Selbstverständlich muss der akademische Weg nicht notwendigerweise eine Desolidarisierung mit der sozialen Herkunft respektive der Familie zur Folge haben, obwohl manchmal auf diesen Fluchtcharakter hingewiesen wird und das Fallbeispiel von Viola (Kapitel 8) darauf verweist. Die empirisch nachweisbaren Distanzierungserfahrungen in unserer Studie dürfen aber nicht generalisiert werden.

Fast alle Beteiligten haben ein emotionales Verhältnis zu Familie und Herkunft, gut die Hälfte ein positives oder eher positives, die andere Hälfte ein gespaltenes bis problematisches Verhältnis. Gemeinsam ist allen, mit einer neuen, vielschichtigen Dynamik konfrontiert worden zu sein. Je nach Ausprägung lassen sich unterschiedliche Bewältigungsmuster verorten, auch in Bezug zu unseren Typen der Clusteranalyse. Unterscheidbar sind widersprüchliche bis deutliche Ablösungen vom Milieu respektive keine oder schwache Ablösungen vom Milieu (Tabelle 14).

Tabelle 14: Unsere Typologie auf der Folie von Ablösungsprozessen

Cluster	Widersprüchlich bis deutliche Ablösung vom Milieu	Keine oder schwache Ablösung vom Milieu
Die hartnäckigen Fleißigen (31 %)	Ich will, aber kann ich auch (FS 1, Adelheid)	
Die familiär Unterstützten (27 %)		Ich bleibe, wo ich bin (FS 4, Paul)
Die schulisch Geförderten (22 %)		Ich lebe mit Kompromissen (FS 10, Robert)
Die selbstüberzeugten Distanzierten (28 %)	Ich bin in eine andere Welt eingetaucht (FS 9, Viola)	

Die hartnäckigen Fleißigen: »Ich will, aber kann ich auch?«

In diesem Cluster ist die innere Spaltung der zwei Welten besonders sichtbar. Einerseits war der Wunsch dieser Befragten groß, sich vom Herkunftsmilieu zu distanzieren, andererseits blieb die familiäre Bindung dominant. Das tönt Adelheid, das Fallbeispiel in Kapitel 8, an. Sie bezeichnet aus ihrer heutigen Sicht die Eltern als widersprüchlich, ebenso ihre persönlichen Distanzierungstendenzen. Diese Widersprüchlichkeit ist ein Merkmal dieses Clusters. Einerseits wollten die hartnäckigen Fleißigen den Eltern dankbar sein für die Unterstützung, gleichzeitig beschrieben sie ihre Distanzierung von Familie und Geschwistern als notwendigen, aber unglücklichen Begleitumstand. Oft erwähnen sie auch die sprachliche Distanz – etwa, es sei auch heute noch schwierig, eine gemeinsame Sprache zu finden, wenn über die eigenen Tätigkeiten gesprochen werde. Die Familie würde oft einen bestimmten Humor oder Sarkasmus / Ironie nicht verstehen, genauso wie Alltagsdinge, die zum allgemeinen Grundwissen oder -können gehören würden.

Die familiär Unterstützten: »Ich bleibe, wo ich bin«

Wer diesem Cluster zugehört, hat wenig Ablösungsprobleme. Stellvertretend dafür steht das Fallbeispiel von Paul. Zwar besteht auch bei ihm heute noch eine Ambivalenz, doch ist sie unter anderem dadurch erträglich geworden, weil Paul den Prozess der Distanzierung in eine gewisse Überlegenheit transformiert hat. Dabei spielt die Dankbarkeit gegenüber den Eltern eine wichtige Rolle. Solche Gefühle sind ein Merkmal dieses Clusters in Bezug auf die Frage nach der Distanzierung gegenüber der Familie. Dankbarkeit scheint einer der Hauptgründe zu sein, weshalb sich die familiär Unterstützten nicht vom eigenen Milieu abgewendet haben.

Die schulisch Geförderten: »Ich lebe mit Kompromissen«

Für diese Gruppe spielten Lehrkräfte eine wichtige Rolle beim erfolgreichen Übertritt ans Gymnasium. Weil der Wunsch nach Anerkennung für die schulisch Geförderten groß war und sie diese bei den Lehrkräften gefunden hatten, zeigen sie sich im Rückblick als kompromissbereit. Typisches Beispiel ist Robert. Wie andere des Clusters betont er, dass sich der Grundschullehrer bemüht hatte, die Eltern zu beraten und ihnen die negativen Gefühle gegenüber dem Gymnasium zu nehmen. Diese Erfahrungen bezeichnen die schulisch Geförderten als wichtig, weil sie heute versuchen, in zwei Welten zu leben (in der Welt der Familie und in der neuen Welt der Akademia) und das dadurch entstehende Konfliktpotenzial zu meistern.

Offenbar konnten sie ihr eigenes Sprach- und Verhaltenssystem an die zwei kontrastierenden Umgebungen anpassen. Heute scheinen sie sich in beiden Welten arrangieren zu können. Auffallend oft berichten sie allerdings von Loyalitätskonflikten.

Die selbstüberzeugten Distanzierten: »Ich bin in eine andere Welt eingetaucht«

Die Angehörigen dieses Clusters grenzen sich deutlich von ihrem Herkunftsmilieu und damit von den eigenen Wurzeln ab und versuchen, alles unter Kontrolle zu haben. Ihre Dankbarkeit gegenüber der Familie ist gering, das Selbstvertrauen in die eigenen Fähigkeiten scheint – zumindest vordergründig – hoch, so wie im Fallbeispiel von Viola. Trotzdem ist darin verborgener Zündstoff eingebettet, der den Solidarzusammenhang schon seit längerem gefährdet. Die Eltern betrachten den Werdegang ihres Kindes auch heute noch eher mit Argwohn, trauern manchmal noch der nicht verwirklichten Berufslehre nach und einer »ordentlichen Berufsarbeit«. Der familiäre Vorwurf, sich für etwas Besseres zu halten, bringt die selbstüberzeugten Distanzierten auf die Palme. Dies ist einer der Hauptgründe für die Distanzierung von der Familie. Ihr größter Wunsch war es, den Zugang zur akademischen Welt zu finden – obwohl viele Unsicherheiten vorhanden waren. Somit war ihr Bildungsweg von vielen Konflikten und abrupten Ablösungsversuchen geprägt, die manchmal zu Kontaktabbrüchen führten.

V Wege nach oben ermöglichen

Kapitel 13: Erfolgsfaktoren und Hürden

Mein Debattenbuch hat eine erfolgsorientierte Perspektive. Es nimmt unsere Bildungssysteme unter die Lupe und sucht nach Faktoren, die Aufstiegsmobilität möglich machen. Weil der Übertritt ans Gymnasium die wichtigste Hürde für begabte Kinder aus einfachen Sozialschichten ist, steht in unserer Studie die wohl zentralste und positiv orientierte Frage im Mittelpunkt: Welches sind die Gründe, dass Kinder aus Arbeiterfamilien trotz herkunftsbedingter Nachteile die Barrieren überwinden konnten und ihnen der Übertritt ins Gymnasium gelang? Basis bildet eine Stichprobe mit gut 290 erwachsenen Personen aus Arbeitermilieus. Fast alle haben eine Matura respektive ein Abitur in der Tasche, und die meisten können auf eine erfolgreiche akademische Laufbahn zurückblicken.

Die Erfolgsfaktoren, die ihre Laufbahnen kennzeichnen, sind die vielleicht wichtigste Grundlage für Veränderungen auf bildungspolitischer und pädagogischer Ebene, um unsere Bildungssysteme mit mehr Chancengerechtigkeit auszustatten. Aus meiner Perspektive beinhalten solche Veränderungen keine Empfehlung für die Erhöhung der Abitur- respektive Maturaquote.

Ich will es schaffen

Unser Arbeitsmodell (Abbildung 3, Kapitel 7) basiert auf der These, wonach der erfolgreiche Übertritt ans Gymnasium das Ergebnis eines multifaktoriellen Bedingungsgefüges ist. Dazu gehören bestimmte Personmerkmale, Familie, Schule und Lehrkräfte sowie das erweiterte soziale Umfeld. In Abbildung 6 sind unsere Erkenntnisse für jeden Merkmalsbereich nach Erfolgsfaktoren und Hürden dargestellt.

Fast alle unserer Befragten haben den Widrigkeiten und Hürden zum Trotz ihre Ambitionen wahrgemacht. Dass etwa die Hälfte von ihnen Persönlichkeitsmerkmale als wichtigste Erfolgs- und Bewältigungsfaktoren bezeichnet, ist keine neue oder überraschende, sondern eine eher logische Tatsache. Zwar rühmt sich unsere Bildungsgesellschaft, chancengerecht zu sein, sie ist es aber nicht. Wer es aus bescheidenen Verhältnissen ans Gymnasium schafft, ist nach wie vor mehrheitlich auf eigene Ressourcen angewiesen. Doch manchmal stehen auch Lehrkräfte oder Eltern unterstützend zur Seite. Zusammenfassend lassen sich unsere Studienergebnisse zu fünf Punkten verdichten:

- *Persönlichkeitsmerkmale als wesentlichste Faktoren:* Zwar berichten manche der Teilnehmenden im Rückblick über ein eher tiefes Selbstvertrauen und eine

Abbildung 6: Erfolgsfaktoren und Hürden aus der Rückschau

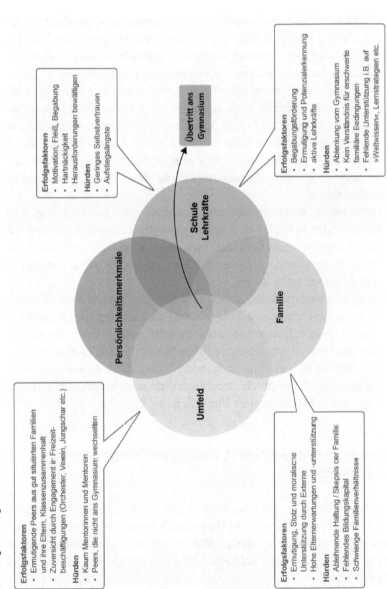

Erfolgsfaktoren
- Motivation, Fleiß, Begabung
- Hartnäckigkeit
- Herausforderungen bewältigen

Hürden
- Geringes Selbstvertrauen
- Aufstiegsängste

Erfolgsfaktoren
- Begabungsförderung
- Ermutigung und Potenzialerkennung
- aktive Lehrkräfte

Hürden
- Ablenkung vom Gymnasium
- Kein Verständnis für erschwerte familiäre Bedingungen
- Fehlende Unterstützung i.B. auf »Weltwissen«, Lernstrategien etc.

Erfolgsfaktoren
- Ermutigende Peers aus gut situierten Familien und ihre Eltern, Klassenzusammenhalt
- Zuversicht durch Engagement in Freizeitbeschäftigungen (Orchester, Verein, Jungschar etc.)

Hürden
- Kaum Mentorinnen und Mentoren
- Peers, die nicht ans Gymnasium wechselten

Erfolgsfaktoren
- Ermutigung, Stolz und moralische Unterstützung durch Externe
- Hohe Elternerwartungen und -unterstützung

Hürden
- Ablehnende Haltung / Skepsis der Familie
- Fehlendes Bildungskapital
- Schwierige Familienverhältnisse

Schule Lehrkräfte

Persönlichkeitsmerkmale

Familie

Umfeld

Übertritt ans Gymnasium

geringe Zuversicht, den Weg ans Gymnasium auch wirklich meistern zu können. Doch heute sind sie überzeugt, kraft ihrer Persönlichkeitsmerkmale solche Hürden gemeistert zu haben. »Bildungsresilienz« ist der Begriff dafür (Kustor-Hüttl, 2011, S. 83).

- *Die Familie als halb volles oder halb leeres Glas:* Die Familie wird manchmal als positiver, manchmal als hinderlicher Faktor beschrieben. Auch wenn Eltern ihr Kind ermutigten, den Schritt ans Gymnasium zu wagen, konnten sie ihm mehrheitlich keine schulische Unterstützung in Form kulturellen und ökonomischen Kapitals bieten – wohl aber eine Unterstützung moralischer Art. Dies war allerdings lediglich für knapp die Hälfte der Befragten zutreffend. Die andere Seite der Medaille waren ablehnende Elterneinstellungen, schwierige familiäre Situationen und angespannte finanzielle Verhältnisse.

- *Motivierende oder bremsende Lehrkräfte:* Ähnliches wie fürs Elternhaus gilt für Schulen und Lehrkräfte. Etwa die Hälfte von ihnen spielte eine positive oder sogar sehr unterstützende Rolle beim Übertritt ans Gymnasium. Doch ein fast ebenso großer Anteil der Teilnehmenden bezeichnet im Rückblick die Lehrerinnen und Lehrer der Grundschule eher als Bremskräfte (»Mein Klassenlehrer sah mich nicht am Gymnasium. Er fand, dass ich eher Krankenschwester werden sollte«).

- *Seltene Unterstützung durch Mentorinnen und Mentoren:* Erstaunlich ist, dass die Mehrheit der Befragten eher selten von unterstützend-fördernden Mentorinnen oder Mentoren berichtet. Dies mag erstaunen, verweist aber auf den Umstand, dass Mentoratssysteme in der Grundschule bis vor wenigen Jahren noch kaum verbreitet waren.

- *Peers und ihre zweischneidige Rolle:* Gleichaltrige aus gut situierten Familien waren teilweise wichtig, sowohl in positiver als auch negativer Hinsicht. Während die einen Teilnehmenden davon berichten, wegen ihnen einen günstigen Start ans Gymnasium gehabt zu haben (Cluster 1, »Die hartnäckigen Fleißigen«, Kapitel 8), bezeichnen sich andere im Rückblick als Außenseiterin oder Außenseiter, die den Anschluss an Peers nicht so recht gefunden hatten (Cluster 4, »Die selbstüberzeugten Distanzierten«, Kapitel 8).

Chancengerechtigkeit heißt, Bildungsaufstiege proaktiv zu unterstützen

Chancengleichheit ist nicht das Gleiche wie Chancengerechtigkeit. Doch die Bildungspolitik macht eine solche Unterscheidung selten – oder zumindest nicht bewusst. Chancengleichheit meint »Allen das Gleiche«. Heranwachsenden sollen jenseits ihrer sozialen, und kulturellen Herkunft die gleichen Bildungsmöglichkeiten in Schule und Ausbildung erhalten wie solche aus privilegierten Milieus.

Obwohl in bildungspolitischen Papieren Chancengleichheit hochgelobt wird, geht Chancengerechtigkeit weit über das hinaus. Begabte Kinder und Jugendliche aus Arbeiterfamilien (und selbstverständlich aus kulturell diversen Familien) sollen gezielte Lernmöglichkeiten zur Verfügung gestellt bekommen, um sich fehlendes Wissen und Können anzueignen. So können sie familienbedingte Nachteile überwinden und ihr Potenzial sichtbar werden lassen.

Die Ergebnisse unserer Studie lassen sich sowohl als Belege wie auch Widersprüche für diese beiden Definitionen heranziehen. Vordergründig haben unsere Teilnehmenden die Tore zur Chancengleichheit genutzt. Auf der Folie des Postulats zur Chancengerechtigkeit – wie Nachteile ausgeglichen und Potenziale Benachteiligter gefördert werden – wird jedoch überdeutlich, wie sehr die Befragten sich mehrheitlich als »des eigenen Glückes Schmied« empfanden.

Will unsere Gesellschaft Bildungsaufstiege nicht nur ermöglichen (Chancengleichheit), sondern auch gezielt unterstützen und fördern (Chancengerechtigkeit), muss die Bildungspolitik die in unserer Studie eruierten Erfolgsfaktoren für den Bildungsaufstieg übers Gymnasium als Grundlage für Veränderungen nutzen. Von einem Schulsystem, das Bildungsgerechtigkeit ernst nimmt, erwarten wir mehr als Chancengleichheit. Persönlichkeitsmerkmale wie Motivation, Fleiß und Begabung dürften nicht derart dominant sein, damit es intellektuell begabte Arbeiterkinder nur deswegen ans Gymnasium schaffen.

Vielmehr sollten wir alles daransetzen, die systematische Förderung begabter Kinder aus einfach gestellten Familien nicht weiterhin dem Zufall zu überlassen. Unsere Gesellschaft muss für ihre bestmöglichen Bildungslaufbahnen kämpfen – genauso wie dies Eltern mit einem Hochschulabschluss für ihren Nachwuchs tun.

Von unten nach oben: ein Perspektivenwechsel

Wie könnten vor diesem Hintergrund mehr Bildungsaufstiege begabter Arbeiterkinder ans Gymnasium ermöglicht werden? Antworten darauf gibt dieser Schwerpunkt. Dabei geht es keinesfalls um ein »Gymnasium für alle«, sondern darum, dass Neigungen und Fähigkeiten den Ausschlag zur Bildungs- und Berufswahl geben und nicht die soziale Herkunft. Wäre dem so, gäbe es in der Berufsbildung mehr leistungsstarke Jugendliche aus gut situierten Familien, in den Gymnasien jedoch mehr intellektuell begabte Kinder aus Arbeiterfamilien.

Dabei plädiere ich nicht für einen großen, strukturellen Umbau des Bildungssystems, der sich von so genannten »Alibi-Reförmchen« verabschiedet. Warum? Weil es eine unhinterfragte Tatsache ist, dass bei Bildungsaufstiegen nicht in erster Linie die volkswirtschaftlichen Ausgaben eine zentrale Rolle spielen. Chancengerechtere Bildungssysteme entstehen nicht durch höhere Investitionen, sondern anhand kleinschrittiger Reformen und Einstellungsveränderungen. Keine institutionelle Reform, keine Gesamtschule, keine Ganztagsschule und keine Kindertagesstätte oder Vorschule kann die Sortierung nach Herkunft verändern, wenn dies nicht auch in den Köpfen geschieht. Das Herzstückt sind die beteiligten Pädagoginnen und Pädagogen. Die »Rütli-Schule« in Berlin ist ein *Best Practice*-Beispiel für schnell wirksame Veränderungen (Karg, 2014). Schulen und Lehrpersonen können ihre blinden Flecken reflektieren und ihre Ermessensspielräume nutzen. Und die Bildungspolitik kann sie darin unterstützen.

Nachfolgend geht es zunächst um etwas, das trivial scheint, im Kern aber das Fundament vieler Perspektivenwechsel ist: eine Kultur des positiven Blicks aufzubauen und die Defizitperspektive zu überwinden. Dies hat auch mit persönlichen Haltungsveränderungen und Überzeugungen zu tun. Damit verbunden ist die aktive Suche nach verdecktem oder nicht richtig erkanntem Potenzial, damit Selektionswege und Elternarbeit angepasst werden können. Nur so bekommen Kinder aus einfachen Verhältnissen überhaupt eine Möglichkeit, ans Gymnasium zu wechseln. Damit dies gelingt, müssen Lehrkräfte genauso wie andere pädagogische Fachkräfte ein gewisses Maß an Habitussensibilität entwickeln (Sander, 2014; Schmitt, 2020). Weil Schulen keine Wunder bewirken können, braucht es auch soziale Patinnen und Paten. Sie sind gewissermaßen die Bindeglieder zwischen Familie und Schule, die einen Beitrag dazu leisten können, Aufstiegsangst zu überwinden und Selbstvertrauen sowie Selbstwirksamkeit der begabten Kinder zu stärken.

Kapitel 14: Eine Kultur des positiven Blicks aufbauen

Für die Förderung der Heranwachsenden jeglicher Herkunft ist eine Kultur des positiven Blicks fundamental. Pädagogische Fachkräfte können mit ihrer Haltung und ihren Einstellungen die Entwicklung junger Menschen wesentlich beeinflussen, ohne dabei die rosarote Brille aufzusetzen oder eine Care-Haltung einzunehmen. Junge Menschen müssen spüren, dass man an sie glaubt, etwas von ihnen erwartet und ihnen gute Leistungen zutraut. Dies gilt auch für Arbeiterkinder. Im Mittelpunkt des vorliegenden Kapitels steht die Frage, wie die übermächtige Defizitperspektive überwunden werden könnte. Dazu gehören die Fähigkeit, als Professionelle eigene Erwartungen reflektieren zu können sowie einen Weg zu finden, der zu herausfordernden Haltungen auch gegenüber jungen Menschen aus Arbeiterhaushalten führen kann.

Weg von der Defizitperspektive

Schulen haben einen Doppelcharakter. Sie sind nicht nur Orte der Wissensvermittlung, sondern aufgrund ihrer vorherrschenden Defizitorientierung auch Reproduktionsstätten ungleicher Bildungschancen.

Die Dispositionen von Kindern aus sozial einfach gestellten Familien werden oft als Defizite verstanden, die allenfalls durch Therapien – und vielleicht auch durch besonders viel Fleiß und Durchhaltewille, wie unsere Untersuchung zeigt – wettgemacht werden können. Viel zu selten gelten ihre Dispositionen als anders geartete Potenziale, die genauso den »Weg nach Rom« weisen können. Diese Kinder denken nicht weniger, sondern oft eher anders. Vielleicht haben sie Denkstile, die mehr auf inhaltliche als auf formale Logik, eher bildhaft auf Gesamtzusammenhänge als abstrahierend auf analytische Zerlegung fokussieren und eher einfühlend als klassifizierend angelegt sind. Solche Kompetenzen werden in der sich differenzierenden Welt technischer und sozialer Berufe zunehmend gebraucht, doch im Vergleich zu den Denk-, Wahrnehmungs- und Handlungsschemata der akademischen Kultur nach wie vor zu oft abgewertet.

Darum müssen Bildungspolitik und Lehrerausbildung die Grundlagen dafür schaffen, damit Schulen und Lehrkräfte ihren Blick neu ausrichten können, weg von der alleinigen Konzentration auf Defizite und Schwächen, hin zur Integration von Potenzialen und Stärken. Eine solche Perspektive kann jedoch nicht einfach über Nacht entstehen. Und schon gar nicht, wenn nun lediglich der Begriff »Talent« inflationär gebraucht wird, die traditionellen Selektions-

und Rekrutierungsprozeduren gleichwohl beibehalten und die persönlichen, oft mit Vorurteilen behafteten Einstellungsmuster gegenüber jungen Menschen unhinterfragt bleiben. Es genügt auch nicht, die Defizitperspektive etwas zu relativieren, gefragt ist eher eine Neuorientierung. Es braucht einen Perspektivenwechsel in den Köpfen. Allerdings wissen wir nur zu gut, wie schwierig das ist. Einstellungen, Vorurteile und Überzeugungen sitzen tief und halten sich hartnäckig. Strukturen lassen sich leichter und schneller verändern.

Deshalb genügt die Bereitstellung von Finanzen nicht. Notwendig ist etwas Fundamentaleres, das kaum Geld kostet: der Aufbau eines positiven und ressourcenorientierten Blicks, um Interessen und Begabungen entdecken, anerkennen und fördern zu wollen (Kowalski, 2020; Wagner-Diehl et al., 2020). Ohne eine positive Haltung und ohne ein Bekenntnis, dass das Potenzial von Arbeiterkindern spezifisch gefördert werden soll, kann auch das großzügigste Budget keine Wirksamkeit erzeugen.

Einstellungsänderungen als Herausforderung

Grundhaltungen von Lehrkräften sind ein wichtiges Fundament für eine zukunftsgerichtete und chancengerechtere Pädagogik. Zwar ist das Bewusstsein dafür gewachsen, doch die internationalen Leistungsmessungen engen den Blick nach wie vor zu sehr auf leistungsschwache Risikoschülerinnen und -schüler mit Migrationshintergrund und auf eine problematische familiäre Sozialisation ein. Und dies ohne Bezugnahme auf die hier diskutierte Problematik, dass die soziale Herkunft die Lehrereinschätzungen überstrahlt und darum verdeckte Potenziale kaum sichtbar werden können. Ungewollt dürfte der Fokus solcher Studien einer der Gründe sein, weshalb manche Lehrkräfte dazu tendieren, die Leistungen der Kinder und Jugendlichen aus intakten und bildungsbeflisseneren Familien positiver zu bewerten.

Wie lässt sich die Tendenz zur Diskriminierung von Schülerinnen und Schülern aus benachteiligten sozioökonomischen Verhältnissen erkennen, verstehen – und darauf aufbauend – die eigene pädagogische Praxis modifizieren? Dafür braucht es erstens eine Professionalisierung der Kommunikation in der Elternarbeit. Zweitens ist die unterrichtliche Anknüpfung an alltagsweltliche Erfahrungshorizonte unerlässlich, weil sie für begabte Kinder aus Arbeiterfamilien eine wichtige Basis für Selbstwirksamkeitserfahrungen sind. Das sind zwar kaum neue Vorschläge, denn solche Aspekte finden zunehmend Eingang in die Lehrerinnen- und Lehrerausbildung. Trotzdem müssen auf der hier dargelegten Erkenntnisbasis bewusstere und gezieltere Anstrengungen in dieser Richtung unternommen werden.

Doch die gute Absicht, Einstellungen zu verändern, kann nur dann Erfolg haben, wenn drittens informelle, also »weiche« Mechanismen, berücksichtigt und thematisiert werden. Meist sind sie am Zustandekommen des Defizitblicks beteiligt, weil sie unbewusst wirken. Beispielsweise beziehen internationale Leistungsstudien Lerngepflogenheiten in benachteiligten Familien allein aufgrund weniger Parameter ein – ob das Kind zu Hause Bücher zur Verfügung, einen eigenen Schreibtisch hat oder es sprachlich von den Eltern gefördert wird. Das ist eine einseitige und darum kaum geeignete Grundlage, um angehende Lehrkräfte im Studium, in Praktika und später in Weiterbildungen hinreichend für die Situation von intellektuell begabten Arbeiterkindern vor dem Übertritt ins Gymnasium zu sensibilisieren. Unsere Studie macht mehr als deutlich, dass eine aktive Begleitungs-, Entwicklungs- und Unterstützungsarbeit erforderlich ist. Sie muss nicht nur die Lehrkräfte einbeziehen, sondern ebenso das Elternhaus und den Aufbau eines begleitenden und beratenden Mentoratssystems. Im Hinblick auf die Herstellung von mehr Chancengerechtigkeit ist eine erweiternde Perspektive zentral.

Damit lässt sich eine wichtige Aufgabe für Lehrkräfte und alle am Schulleben Beteiligten benennen: Sie sollen den Unterricht so gestalten, damit alle jungen Menschen jenseits ihrer Herkunft Bildungseinstellungen entwickeln können, die für sie günstig sind und zum Schulerfolg führen können. Die Schule sollte geprägt sein von einer Kultur, in der sich Kinder als selbstwirksam und selbstbestimmt erleben können und in die Klassengemeinschaft eingebunden sind. Zudem gilt es, die Elternarbeit anders zu gestalten. Das ist natürlich schneller gesagt als getan. Lehrkräfte haben heute schon so viele Arbeiten zu übernehmen, die ihre Kapazitäten seit Jahren überfordern. Darum sollte ein System der schulergänzenden Unterstützungsarbeit eingerichtet werden, die Mentorinnen und Mentoren eine wesentliche Funktion als soziale Paten zuweist, mit Unterstützung durch die jeweiligen Lehrkräfte. Dieses Mentoratssystem bekommt fast in allen Studien besonders gute Noten (Gamper, 2021[15]; Stamm, 2016a). Gerade deshalb stellt sich die kritische Frage, weshalb es nicht zu einer systematisch genutzten begabungs- und chancengerechtigkeitsfördernden Maßnahme geworden ist.

Drei Wege zum Bildungsaufstieg

Haltungen und Einstellungen von Lehrkräften sind wichtiger als jede große Reform. Dies gilt jedoch nur dann, wenn sie gegenüber Arbeiterkindern herausfordernd und ambitiös sind und nicht mit Aussagen verbunden werden, die vor dem Gymnasium warnen. Den Weg zu solchen herausfordernden Haltungen bezeichne ich in Anlehnung an die Studie von Thomas Spiegler (2015, S. 335 ff.) als »die

---

15   Siehe auch das Interview vom 14.12.2021: https://www.die-debatte.org/interview-gamper/ (Abfrage: am 24.05.2024).

drei Schritte zum Bildungsaufstieg«. Sie umfassen das Können, das Wollen und das Dürfen.

- *Das Können:* Die vielleicht schwierigste pädagogische Aufgabe haben Lehrerinnen und Lehrer, wenn es um das Können geht. Gute Schulleistungen sind die Übertrittsbedingung Nummer 1. Eine gute Mittelschülerin im Leistungsniveau ›Standard AHS‹ ist besser als eine schlechte Gymnasiastin. Ist es Lehrkräften ein Anliegen, das Können objektiv zu erfassen, kommen sie nicht darum herum, die Leistungen als Ergebnis von Anstrengung und Übung und nicht von sozialer Herkunft und familiärer Unterstützung zu betrachten. Solche Lehrkräfte stellen darum Lernprozesse und Fähigkeiten in den Mittelpunkt und nicht die Produkte in Form von Noten, die Ressourcen der Herkunft oder das beschwerdeaffine und selbstbewusste Auftreten der Eltern.

- *Das Wollen* gehört ins Repertoire von Unterricht und schulischer Beratung. Gemeint ist damit, dass verantwortliche Lehrkräfte die Aufstiegsmöglichkeit Gymnasium konsequent mitbedenken, sich nicht der Skepsis von einfach gestellten Eltern anschließen und deshalb das Negativlabeling »Lieber eine gute Sekschülerin[16] als eine schlechte Gymnasiastin« vermeiden. Wie oft hört man gut gemeinte Ratschläge, solchen Kindern müsse ein realistisches Bild darüber vermittelt werden, wie hoch die Ansprüche am Gymnasium seien. Nur so könne man sie vor dem Scheitern bewahren. Das ist fatal, denn viele Arbeiterkinder haben trotz ihrer guten Schulleistungen wenig Selbstvertrauen in ihre intellektuelle Begabung und getrauen sich deshalb nicht, Pläne für die Option Gymnasium zu entwickeln.

- *Das Dürfen* zu fördern ist die wichtigste und grundlegendste Aufgabe von Mentorinnen und Mentoren. Sie haben eine Schlüsselfunktion, wenn sie begabte junge Menschen aus einfach gestellten Familien ermuntern, sich ihres Potenzials überhaupt bewusst zu werden und ihre Eltern sie darin unterstützen, Aspirationen zu entwickeln und an Visionen zu glauben. »Du schaffst das!« ist für einen erfolgreichen Übertritt ans Gymnasium vielleicht entscheidend.

---

16 Dies entspricht in Deutschland der Realschule.

Kapitel 15: Potenziale suchen, Übertrittsverfahren ändern

Was wäre, wenn das Gymnasium verstärkt auch eine Bildungsinstitution für intellektuell begabte und akademisch interessierte Menschen einfacher Herkunft werden würde? Und wenn Akademikerkindern, die praktischen Fähigkeiten und Interessen haben, der Weg in eine berufliche Grundbildung ganz selbstverständlich empfohlen und geebnet würde? Wenn diese Fragen in der Praxis nur schon ansatzweise umgesetzt würden, wäre dies das Fundament für einen grundlegenden Perspektivenwechsel. Hierzu braucht es aber auch Elternhäuser, die nicht auf die eigenen Vorstellungen setzen, dass das, was man selbst gerne tun oder sein würde, auch für den Nachwuchs gelten muss. Väter und Mütter müssten sich eher fragen, was das Kind möchte. Um dies zu erfahren, müssen sie ihm sorgfältig zuhören und spüren, was es interessiert. Doch sich für eine Berufslehre stark machen, dürfte für gut situierte Väter und Mütter ähnlich herausfordernd sein, wie für einfach gestellte Eltern, das Gymnasium in den Blick zu nehmen.

Mit Blick auf Arbeiterkinder braucht es das Bewusstsein von Lehrkräften, intellektuelle Potenziale von ihnen zu erwarten, zu suchen und zu fördern. Glücklicherweise gibt es bestimmte bildungspolitisch Tätige und auch Lehrkräfte, die für deutliche Veränderungen von Selektion, Aufnahmeverfahren und Förderung votieren.

In diesem Kapitel werden Maßnahmen vorgeschlagen, die im Hier und jetzt umsetzbar sind. Dabei geht es um Herausforderungen, verborgenes Potenzial zu entdecken, in die frühe Förderung und die schulische Begabungsförderung für benachteiligte Kinder zu investieren, um eine kompensatorisch ausgerichtete Veränderung von Selektionsprozeduren sowie um eine neu ausgerichtete Elternarbeit.

Verborgenes Potenzial entdecken

Die vielleicht wichtigste Achillesferse unserer Bildungssysteme ist die Vernachlässigung der Potenzialorientierung. Stärker als je zuvor stehen gute Zensuren im Zentrum dessen, die dann als Schulerfolg bezeichnet werden. Diese Einseitigkeit erschwert die Suche nach Potenzialen. Doch sie sind von zentraler Bedeutung für die Qualität der Bildungssysteme, genauso wie für die individuelle Begabungsförderung Benachteiligter (Stamm & Viehhauser, 2007). Darum braucht es eine gesellschaftliche Debatte zur Entdeckung und zur Sichtbarmachung von Potenzial.

Doch dies ist einfacher gesagt als getan. Denn notwendig sind Fach- und Lehrkräfte, die sich im wahrsten Sinne des Wortes als Begabungs- und Talentfördernde verstehen. Will eine Lehrerin das verborgene intellektuelle Potenzial einer unbequemen Schülerin nicht sehen, dann bleiben Begabungen und Ressourcen wahrscheinlich unentdeckt und ungenutzt. Außer es setzen sich ihre Eltern für sie ein. Doch handelt es sich um einfach gestellte Väter und Mütter, wird sich wahrscheinlich nur dann etwas bewegen, wenn die Lehrerin engagiert ist und eine potenzialorientierte Perspektive verfolgt.

Nur wer Potenziale bei allen jungen Menschen erwartet, sie erkennen, anerkennen und dann auch entwickeln will, betreibt Begabungsförderung. Darüber hinaus müssen Lehrerinnen und Lehrer auch über Kompetenzen zur Erkennung und Identifizierung von verdecktem Potenzial verfügen. Wer fördert, sollte in der Lage sein, hochstehende Übungs- und Trainingsprozesse so zu arrangieren und zu überwachen, damit junge Begabte im richtigen Maß herausgefordert und animiert werden, um das, was in ihnen schlummert, entwickeln zu können und so über sich selbst hinauszuwachsen.

Leider wird die soziale Herkunft von nicht wenigen Professionellen ausgeblendet und mit keiner systemrelevanten Funktion verbunden. Dieser Annahme widersprechen die Bildungsaufstiege unserer Befragten. Lange nicht alle konnten ihr Potenzial sichtbar machen, doch alle es in eine erfolgreiche Praxis umsetzen – teilweise mit Unterstützung von Familie, Lehrkräften oder Umfeld. Doch die Mehrheit hat dies aus eigener Anstrengung getan und mit Hartnäckigkeit in überdurchschnittlich gute Leistung transformiert.

Frühe Förderung heißt nicht Wiederentdeckung von Risikogruppen

Alle Kinder sollten möglichst optimale Startchancen bekommen – das ist das Credo der Bildungspolitik, wenn es um frühe Förderung geht. Doch vergessen geht dabei oft, dass Kinder aus benachteiligten Elternhäusern deutlich weniger von Förderangeboten profitieren als solche aus gut situierten Familien. Genau diese Kinder – und das ist keinesfalls verwerflich – haben deutliche Wettbewerbsvorteile aufgrund der elterlichen Bildung sowie der kulturellen häuslichen Praktiken. Warum? Weil sich diese Praktiken mit den Bildungsidealen der Schule decken. Da familiäre Einflüsse derart bedeutsam sind (Bachsleitner et al., 2022; Betz et al., 2022; Böttcher et al., 2022; Büchner & Bracke, 2006), werden Kinder aus sozial schwächeren und risikobehafteten Familien doppelt benachteiligt. Ihre Aufwachsbedingungen sind nicht nur weniger förderlich, sie besuchen auch seltener kompensationsorientierte Vorschulangebote.

Notwendig ist deshalb eine systematische frühe Förderung auch für einheimische Arbeiterkinder. Solche Angebote haben sich bisher fast ausschließlich auf benachteiligte Migrantenkinder konzentriert. Solchen Förderprogrammen liegt zudem das implizite Bild des defizitären und behandlungsbedürftigen Kindes als Opfer seiner Familienverhältnisse zugrunde (»Elterndeterminismus«, Furedi, 2008). Verständlich, dass dieses Bild die Wiederentdeckung der Risikogruppen forciert – wenn auch ungewollt und unbewusst. Mit Elterndeterminismus meint Frank Furedi (ebd.) die Vorstellung, wonach die Fähigkeiten des Kindes und die Fähigkeit seiner Eltern, »gute« Eltern zu sein, unmittelbar kausal miteinander verknüpft sind. Mit anderen Worten: Zeigen sich Probleme in der kindlichen Entwicklung, sind die Eltern schuld. Umgekehrt gilt ein leistungsfähiges, sich rasch entwickelndes Kind als Verdienst seiner Eltern und damit als Ausweis ihrer Kompetenz. Dabei handelt es sich fast immer um Eltern »mit umfangreicheren Kapitalien« (Betz, 2008, S. 224.)

Was lässt sich daraus ableiten? Dass frühe Fördermaßnahmen viel zu sehr auf das setzen, was kleine Kinder *nicht* können. Was fehlt, ist eine Kultur des positiven Blicks auf das, was Kinder könnten und können – und zwar unbesehen von ihrer sozialen Herkunft. Aber bezogen auf das, was die Familie zu leisten imstande ist oder nicht. Ein solcher Ansatz bedingt den Aufbau einer Zusammenarbeit mit den Eltern respektive Erziehungsberechtigten mit dem Ziel, sie zu ermuntern, das Potenzial des Kindes zu unterstützen und auch an es zu glauben. Dieser Fokus, der den Eltern die wichtige Bedeutung ihrer Funktion vor Augen führt, ist ebenso wichtig wie die frühe Förderung selbst.

Eine gute und chancengerechte frühe Förderung trägt dazu bei, dass Startbedingungen zumindest etwas weniger ungleich werden. Die Vorschulkindheit muss von der Funktion als Sortiermechanismus entkoppelt werden, der Kinder nach sozialem Milieu und Kultur trennt und als Größe der sozialen Reproduktion funktioniert.

Weg vom elitären Beigeschmack schulischer Begabungsförderung

Manchmal sind Lehrkräfte der Meinung, Kinder aus niedrigen Sozialschichten seien weniger intelligent als Kinder aus gut situierten Familien (siehe das Beispiel zur »*Selffulfilling Prophecy*« in Kapitel 6). Diese Aussage mag zwar nachvollziehbar sein, aber sie stimmt so nicht. Hierzu gibt es nachhaltige empirische Evidenz seit vielen Jahren. So ist deutlich belegt, dass benachteiligt aufwachsende Kinder ihre Intelligenz nicht genug entwickeln können (Stern & Neubauer, 2014). Entweder stehen ihnen zu wenig anregungsreiche häusliche Lernmöglichkeiten zur Verfügung oder sie bekommen aufgrund ihrer Fähigkeiten von Kindergarten, Schule und Lehrkräften nicht die notwendige Beachtung. Solche Muster bilden wiederum die Basis für die Negierung von intellektuellem Potenzial – oder dass dieses unbewusst übersehen wird.

Das sind ungünstige Zustände. Sie zu verändern ist zunächst eine wesentliche Aufgabe der Lehrerinnen- und Lehrerausbildung. Sie sollte sich von der Vorstellung distanzieren, Scheitern und kindliche Misserfolge vor allem als Ausdruck des Ungenügens familiärer Bemühungen zu verstehen. Es ist vor allem das Bildungssystem selbst, das scheitert, weil es das Postulat der Chancengerechtigkeit kaum umsetzt. Pointiert zeigt sich dieses Scheitern in der Begabungsförderung, die Angehörige von Minoritätsgruppen nach wie vor kaum systematisch berücksichtigt (Stamm, 2021a). Diesem Zustand lässt sich zwar ein gewisses Verständnis entgegenbringen, weil die Aufnahme in ein Begabungsförderprogramm verschiedene Faktoren berücksichtigen muss. Solche Faktoren sind bei Kindern aus benachteiligten Familien anders ausgeprägt als bei denen privilegierterer Herkunft. Doch bisher wurden solche empirischen Tatsachen nur vereinzelt berücksichtigt.

Die Identifikation begabter Arbeiterkinder muss somit zukünftig so angelegt werden, dass die soziale Gleichheit in den Zugangschancen zum Gymnasium erhöht werden kann. Doch die traditionellen Auswahlverfahren von Begabungsförderprogrammen sind vor allem auf das akademische Herkunftsmilieu ausgerichtet. Logischerweise werden deshalb Individuen anderer kultureller und sozio-ökonomischer Zugehörigkeit benachteiligt. Es gibt zu wenig herkunftssensitivere Identifikationsinstrumente, die den Fokus auf das individuelle Lernpotenzial aller Kinder setzen und nicht lediglich auf das Weltwissen derjenigen aus gut situierten Familien. Diese Aspekte haben manche Teilnehmende unserer Studie als problematischste Hürden auf dem Weg ans Gymnasium bezeichnet.

Es ist an der Zeit, der Begabungsförderung von Minoritätsgruppen deutlich mehr Aufmerksamkeit zu schenken. Aber der Weg dorthin scheint noch weit, weil zuvor ein fundamentaler Wandel nötig ist: die Änderung der Alltagsvorstellung, wonach intellektuelle Begabung und Talent ein Vorrecht bestimmter, d. h. bildungsaffiner Milieus sei.

Aufnahme- und Übertrittsverfahren anpassen

Arbeiterkindern mit intellektuellen Begabungen fehlen in der Regel familiäre Förderressourcen sowie privat finanzierte Lernunterstützungsmöglichkeiten. Deshalb sind sie beim Übertritt ans Gymnasium benachteiligt. Weil dieser Übergang ein besonders wichtiges Nadelöhr für alle, doch ganz besonders für solche Kinder ist, hat die Dirigierfunktion der Auswahl- und Selektionsverfahren weit reichende Konsequenzen. Trotz akademischen Neigungen und Begabungen werden Arbeiterkinder oft in eine Berufslehre abgelenkt, während solche aus Akademikerfamilien das Gymnasium besuchen – auch wenn sie praktische Begabungen und Interessen hätten und in der Verwirklichung derselben wahrscheinlich glücklicher würden.

Das ist kein zukunftsträchtiger Zustand. Trotzdem ist bis heute – auch international besehen – kein gerechtes Aufnahmeverfahren verfügbar. Ob notenbasierte Empfehlung von Lehrerinnen und Lehrern mit Elternmitspracherecht oder eine Aufnahmeprüfung, es gibt keine wissenschaftlichen Belege dafür, dass das eine oder andere Verfahren zu einem Abbau der sozialen Ungleichheit führt. Weder mit einer seriösen Handhabung der Noten respektive einem wissenschaftlich durchdachten System lassen sich Übertrittsentscheide gerechter gestalten, sondern nur fairer. Welches Übertrittsverfahren gewählt wird, bleibt deshalb eine politische Glaubensfrage. Das tönt hart, ist aber das Ergebnis der bisherigen Forschungserkenntnisse (Kronig, 2007; 2008; Hofstetter, 2017).

Auf dieser Basis lassen sich wichtige Anpassungen formulieren. Damit Arbeiterkinder bessere und fairere Bedingungen bekommen, müssen Auswahl- und Übertrittsverfahren kompensatorischer werden. Nur so können Nachteile ausgeglichen werden. Dies kann erreicht werden, wenn solche Kinder vorangehend spezifische Förderung erhalten und Lernmöglichkeiten zur Verfügung gestellt bekommen, damit sie sich fehlendes Wissen und Können aneignen können. Solche kompensatorischen Möglichkeiten umfassen auch die Vermittlung von Arbeits- und Lerntechniken sowie Recherchestrategien.

Ab Schuleintritt fehlt allen Bildungsgängen bisher ein klarer Blick, der auch die Diskussion von überfachlichen Kompetenzen, meist Soft Skills genannt, einschließt. Viele Indizien sprechen dafür, dass solche Skills – die WHO nennt sie Lebenskompetenzen, das Management meist Future Skills – für den Berufs- und Lebenserfolg genauso bedeutsam wie Hard Skills sind. Dies ist auch eine wichtige Aussage der Expertiseforschung. Sie liefert genug Hinweise, wonach Hard Skills, etwa Schulnoten oder Zertifikate, den Ausbildungs- und Berufserfolg nur ungenau voraussagen können. Vor allem sind es die Soft Skills, die entscheiden, ob Hard Skills in der Praxis wirksam werden können (Stamm, 2024). Soft Skills sind alles andere als »soft«. Deshalb dürfen sie in gymnasialen Aufnahme- und Selektionsverfahren nicht weiterhin zweite Garnitur im Sinne von *nice to have* bleiben. Soft Skills tragen dazu bei, Übertrittsverfahren zumindest ein wenig potenzialorientierter und chancengerechter werden zu lassen.

Was genau ist mit solchen Soft Skills gemeint? In erster Linie sind es Skills wie Durchsetzungsfähigkeit, Beharrlichkeit (»grit«, Duckworth, 2016), Zielstrebigkeit und Frustrationstoleranz. Weil gerade Arbeiterkinder (und solche aus einfach gestellten Familien mit Migrationshintergrund) über solche Kompetenzen verfügen – so auch die Teilnehmenden unserer Studien zu den Leistungsbesten in Berufswettbewerben im Rahmen der SwissSkills (Stamm, 2020a), sind sie ein weiteres Kriterium, um auch ihr Potenzial zu beurteilen.

Ein anderer Fokus auf Elternarbeit

Eltern können kaum neutral sein. Schon früh werden Familienverhältnisse konstruiert und interpretiert. Akademisch gebildete Eltern sind mit dem Gymnasium und seinen Anforderungen vertraut, vertreten die eigenen Interessen und geben diese Erfahrungen und Werte an die Kinder weiter. Anderes gilt für Arbeiterfamilien. Auch wenn sich – wie unsere Studienergebnisse zeigen – einige dieser Eltern das Gymnasium gewünscht hatten, vertraten sie diese Meinung nur in Ausnahmefällen im Kontakt mit Lehrkräften. Somit kann bereits das erste Beratungsgespräch eine Hürde werden, vor allem dann, wenn die Lehrperson vom Gymnasium abrät. Arbeitereltern verfügen nicht über die gleichen Möglichkeiten wie gut situierte Väter und Mütter, die sich gegen die ihrer Meinung nach unangemessenen Beurteilungen ihres Kindes erfolgreich wehren können.

Oft gelingt es einfach gestellten Eltern kaum, selbstsicher aufzutreten. Manchmal fehlt ihnen das erforderliche Wording, um die eigene Position vertreten zu können und kritische Rückfragen von Lehrkräften (»Können Sie Ihrem Kind im Gymnasium helfen? Oder wie stellen Sie sich das denn vor?«) selbstsicher zu beantworten. Meist schüren solche Rückfragen die Unsicherheit der Eltern noch mehr, sodass sie letztlich einknicken und sich nicht mehr getrauen, die Fähigkeiten des Kindes in dieser Situation zu verteidigen. Deshalb sind sie vor allem vom Goodwill des Schulpersonals abhängig. Sind Eltern gegenüber dem Gymnasium skeptisch oder sogar ablehnend eingestellt, trotz der offensichtlich herausragenden Fähigkeiten des Kindes – hängt es von ihm selbst ab, es trotz allen Widerständen und Widrigkeiten versuchen zu wollen. Unsere Teilnehmerin Viola (Kapitel 8) beschrieb dies so: Ich war ein richtiger Dickschädel. Mein Durchhaltewille war entscheidend, dass ich es schaffte.«

Wie könnte die Elternarbeit mit benachteiligten Familien vor diesem Hintergrund verändert werden? Indem sich, wie bereits aufgezeigt, Lehrkräfte um einen positiven Blick auf das Potenzial des Kindes bemühen, einen Mentor oder eine Mentorin beiziehen und sie sich grundsätzlich für mehr kompensatorische Unterstützung beim Übertritt ans Gymnasium einsetzen. Seitens der Schulen und Lehrkräfte braucht es mehr Bemühungen, damit sich solche Eltern in Gesprächen wohler fühlen können und sich getrauen, ihre Sichtweise zu äußern. Das ist eine Herausforderung. Doch genau deshalb kommt der Vor- und Nachbereitung solcher Gespräche die vielleicht wichtigste Rolle zu, die Fähigkeit zur Selbstreflexion. Um eine möglichst hohe Objektivität der Gesprächsverarbeitung zu erhalten, ist es wichtig, zusammen mit anderen Lehrkräften oder Mentorinnen und Mentoren bestimmte Fragen selbstkritisch zu beantworten: Inwiefern sprechen die zur Verfügung stehenden Informationen dafür, dass meine Meinung nicht objektiv genug ist? Plädiere ich vielleicht für einen »natürlichen« Verlauf des Übertrittsverfahrens, wenn ich die Eltern überzeuge, es sei besser für das Kind, auf den Besuch des Gymnasiums zu verzichten? Eine wesentliche Rolle spielt dabei die Entwicklung von Habitussensibilität. Gemeint ist damit eine professionelle Grundhaltung, sich mit den Verhaltensmustern von Arbeiterkindern und ihren Elternhäusern auseinanderzusetzen sowie ihre Denk- und Handlungsstrukturen zu verstehen und für die Kommunikation fruchtbar zu machen.

Kapitel 16: Habitussensibilität entwickeln

Unseren Befragten ist es gelungen, den Aufstieg übers Gymnasium zu schaffen. Trotzdem berichten viele von den Herausforderungen im Umgang mit für sie unerwartet neuen habituellen Gepflogenheiten. Solche Herausforderungen bilden den roten Faden durch viele Bildungslaufbahnen. Sollen auf dieser Basis mehr Bildungsaufstiege ermöglicht werden, braucht es auch ein größeres Augenmerk für und eine Anerkennung der Mentalität von Arbeiterkindern. Dafür sollte sich die Schule sensibilisieren. Doch, was heisst das genau?

Haltungen und Einstellungen von Lehrkräften können durch den Erwerb von Habitussensibilität verändert werden (Lange-Vester, 2015; Schmitt, 2020). Definiert wird sie als Fähigkeit, die Muster des eigenen Handelns und die daraus erwachsenden Klassifikationen der Kinder zu reflektieren, ein Gespür für das Gegenüber zu entwickeln und sich gedanklich in die Situation von Arbeiterkindern zu versetzen.

In diesem Kapitel steht die Frage im Mittelpunkt, weshalb das Konzept der Habitussensibilität eine angemessene Antwort auf solche Herausforderungen sein kann. Aufgezeigt wird zuerst, warum die Praxis von Habitussensibilität oft falsch verstanden wird. Keinesfalls geht es nur darum, benachteiligten Kindern das Spiel der gut situierten Mittelschicht näher zu bringen. Der Erwerb von Habitussensibilität ist weder Anpassungsleistung noch Fürsorge, sondern eine vor allem auf selbstreflexive Arbeit basierende Leistung. Sie ermöglicht, Kräfte zu erkennen, die auf einen einwirken, anstatt sie auszublenden.

Das Spiel der gut situierten Mittelschicht lernen?

Wer aufsteigen will, muss sich ändern und auch auf seine eigene Herkunft herunterschauen. Nur so besteht die Möglichkeit, »oben« überhaupt dazugehören zu dürfen. Solche Thesen liest man oft, wenn es in der alltagspraktischen Psychologie darum geht, Bildungsaufsteigern gute Ratschläge für den Ausbildungs- und Berufserfolg zu geben (Märtin, 2019). Sie müssten, so heisst es, Einstellungen, Kompetenzen und Gewohnheiten entwickeln, die aufstiegskonform seien. Das erfordere neue und deutlich anders gelagerte Bildungsanstrengungen.

Diese Sichtweise ist einseitig. Mit Sicherheit kann es nicht nur um eine bloße Anpassung an den Mittelschichthabitus gehen, um Arbeiterkinder in Richtung Konformität zurechtzubiegen. Warum sollen bildungsbeflissene Schichten nach wie vor das Maß der Dinge spiegeln und ihr Habitus weiterhin unhinterfragt als wünschbare Norm gelten? Eine solche Anpassung ist mehr als problematisch, wenn es um eine chancengerechtere, kompetenzorientiertere und auf den Erwerb von Soft Skills ausgerichtete Bildung gehen soll (Stamm, 2022). Es ist vor allem die Expertiseforschung, die nicht ausschließlich die Intelligenz, Überzeugungshaltungen und das Auftreten für den Bildungserfolg als wichtig erachtet, sondern ebenso weiche Faktoren – verstanden als Soft Skills oder Lebenskompetenzen – im Schweizer Lehrplan 21 als überfachliche Kompetenzen bezeichnet.

Die Ergebnisse unserer Studie belegen, dass auch ein »einfacher Habitus« ein solides Fundament bieten kann. Bildungsaufsteigerinnen und -aufsteiger lernen, verschiedene »Sprachen« zu beherrschen, von der Stammtischsprache bis zur gehobenen Konversation. Wer hingegen nur den akademischen Habitus kennt, hat oft im Umgang mit einfachen Sozialschichten Schwierigkeiten, deren Sprache zu verstehen und zu sprechen.

Um die kulturelle Distanz zwischen Schule und Arbeiterkindern zu verringern, braucht es kaum eine einseitige Anpassung der Jugendlichen, sondern vor allem eine Habitusmodifikation der Lehrerschaft. Damit gemeint ist, an der eigenen Haltung zu arbeiten und sie so zu modifizieren, damit sie zur Entfaltung der Ich-Identität von Heranwachsenden einfacher sozialer Herkunft beiträgt.

Habitussensibilität ist keine Care-Arbeit

Weil Schulen mehrheitlich von einem Mittelschichtbias geprägt sind und die Gepflogenheiten respektive kulturellen Kapitalien höherer Sozialmilieus als normal verstehen, sind begabte Heranwachsende aus einfachen Sozialschichten sowie aus anderen Kulturen meist im Nachteil. Lehrkräfte oder Beratende verhalten sich oft ihrer sozialen Herkunft entsprechend und haben solche Mechanismen verinnerlicht.

Einschlägiges Beispiel hierfür ist eine Untersuchung der Habitusmuster von Lehrkräften, wie Andrea Lange-Vester (2015) sie vorgelegt hat. Ihre Bilanz ist die, dass sich Bildungsziele und Vorstellungen vom Beruf als Lehrerin oder Lehrer milieuspezifisch unterscheiden und infolgedessen auch ihr Habitus. Da ein Großteil von ihnen aus relativ gut situierten Familien stammt, haben sie eine machtvolle Position.

Die Praxis der Habitussensibilität ist eine Herausforderung, doch oft eine falsch verstandene. Sie erfordert nicht nur ein bisschen Empathie, gesellschaftlichen Menschenverstand oder wertschätzende Interaktion, um das individuelle Schicksal eines Arbeiterkindes zu verstehen. Und es geht auch nicht darum, sich einfach in das Gegenüber hineinversetzen zu können und eine caritativere Haltung einzunehmen, etwa im Sinne »Die Benachteiligten sind im Gymnasium selbstverständlich willkommen – und das ist auch erwünscht – nur müssen sie sich eben an unsere Gepflogenheiten anpassen«.

Auch Gymnasien müssen Anschlüsse an den Habitus von Arbeiterkindern entwickeln, damit eine Passung zwischen Schule und Lebenswelt entstehen kann. Eine solche meint aber explizit keine An-Passung, sondern ein Zusammenspiel dieser Welten. Die Lehrperson kann dabei die Rolle des relevanten Anderen innehaben.

Habitussensibilität verstehen und praktizieren

Sich mit dem komplexen Konzept der Habitussensibilität auseinanderzusetzen ist keine Selbstverständlichkeit. Deshalb wäre es zu einfach, Lehrkräfte und Beratungsfachleute lediglich aufzufordern, im pädagogischen Alltag ein solches Verhalten zu praktizieren. Konkreter und Erfolg versprechender ist eine schulische und fachgruppenspezifische Dialogkultur, die der Selbstreflexion einen Platz gibt und auch Zeit für Weiterbildung. Zwar hat sich in den letzten Jahren einiges getan, allerdings stehen meist nicht die Jugendlichen in ihrem Lebenskontext im Mittelpunkt, sondern Leistungen, Hausaufgaben oder ihr Engagement im Unterricht.

Trotzdem – oder gerade deshalb – kann die Auseinandersetzung mit dem Konzept der Habitussensibilität auch bei solchen traditionellen Schwerpunkten ansetzen, um die unterschiedlichen Verhaltensweisen, Lernstrategien oder Leistungsergebnisse der Arbeiterkinder zu verstehen. Der Weg zur Habitussensibilität umfasst drei Schritte:

- *Wissensaneignung, damit »soziale Aufrichtigkeit« entstehen kann:* Zunächst braucht es eine Aneignung aktuellen Wissens (Schmitt, 2020, S. 104). Dazu gehört eine zumindest partielle Kenntnis der einschlägigen Forschung, wie gesellschaftliche Mechanismen und habituelle Praktiken in den Familien funktionieren. Dieses Wissen bildet das Fundament dafür, in der Praxis dann die »richtigen« Fragen zu stellen und sich nicht auf die »richtigen« Antworten zu konzentrieren. Pierre Bourdieu nennt dies »soziale Aufrichtigkeit« (2014, S. 785).
- *Verstehen, worum es geht:* Die Einarbeitung in das Konzept der Habitussensibilität bedingt auch, bei sich selbst als Lehrerin oder Lehrer anzusetzen. Das wirkt auf den ersten Blick befremdend, weil ja eigentlich die Arbeiterkinder im Mittelpunkt stehen. Doch es gilt, sich bewusst zu werden, wie die persönliche Perspektive an den eigenen Habitus gebunden ist und dieser sich nicht einfach so ablegen lässt. Man muss sowohl authentisch bleiben als auch sozial aufrichtig sein oder werden. Dabei geht es primär um eine begrenzte Perspektivenübernahme, aus der heraus es möglich wird, sich gedanklich an den sozialen Ort des Kindes zu versetzen. Diese Perspektivenübernahme ermöglicht die Reflexion der eigenen Handlungsmuster und Klassifikationsschemen.

- *Habitussensibilität praktizieren:* Weil die Entwicklung von Habitussensibilität ein Prozess und kein schnell zu erreichender Status ist, müssen die antrainierten Kompetenzen in der Praxis eingeübt werden. Das braucht Zeit, die den Lehrkräften zugestanden werden sollte. So gilt es beispielsweise, Persönlichkeitsmerkmale wie Selbstzweifel oder ein geringes Selbstbewusstsein bei den Kindern zu erkennen, zu interpretieren und nach geeigneten Reaktionen zu suchen. »Ich unterstütze dich, dass du das schaffst« wird dann zur neuen Leitidee anstelle der Überzeugung, einem Arbeiterkind »ein realistisches Bild« über die Anforderungen am Gymnasium vermitteln zu müssen, um es vor dem Scheitern zu bewahren.

Kapitel 17: Signifikante Andere für den Umgang mit Aufstiegsangst

Es gibt junge Menschen, die während ihrer Aufstiegsbiografie auf »signifikante Andere« treffen. Durch deren Unterstützung bekommen sie einen erweiterten Blick auf sich selbst, auf ihre Wünsche und Träume. Nicht selten beginnen sie, ihre eher negative Selbsteinschätzung zu reflektieren und sich anders zu betrachten. Deshalb sind signifikante Andere wichtige Bezugspersonen. Sie werden zu Modellen, machen Mut und zeigen Möglichkeiten jenseits der Pfade auf, welche die Eltern gegangen sind. Als besonders hilfreich gelten solche Bezugspersonen, wenn sie selbst einen ähnlichen Bildungsweg hatten und darum als authentische Ratgeberpersonen und Informationslieferanten zur Verfügung stehen können. Gleichzeitig dienen sie als Identifikationsmodelle oder als problemreduzierende Coaches. Die positive Wirkung solcher »sozialen Paten« (El-Mafaalani, 2011) außerhalb der Kernfamilie sind inzwischen eine akzeptierte Forschungserkenntnis.

Auch einige – trotzdem relativ wenige – unserer Befragten berichten von Mentorinnen oder Mentoren, die sie ermuntert, gefördert oder animiert haben, das Gymnasium überhaupt in den Blick zu nehmen. Neben den Eltern waren es manchmal Lehrerinnen oder Lehrer, Verwandte, ein Sporttrainer, eine Musiklehrerin oder der Leiter eines Jugendverbandes, manchmal auch Väter oder Mütter gut situierter Peers. Allerdings spielten solche Personen aus der Rückschau eine eher nebensächliche Rolle, ist doch in unserer Studie nur in einem bescheidenen Ausmass davon die Rede. Dies dürfte in erster Linie damit zusammenhängen, dass Mentoratsprogramme erst in den letzten Jahren Verbreitung gefunden haben und in der Grundschule – dem wichtigsten Nadelöhr fürs Gymnasium – fast gänzlich fehlen. Auch heute noch hängen Mentoratsangebote vor allem vom Engagement der einzelnen Schule ab.

Dieses Kapitel beleuchtet die Bedeutung von sozialen Patinnen und Paten. Talent und Fleiß sind wichtige, aber nicht alleinige Faktoren für den erfolgreichen Übertritt ans Gymnasium. Unsere Studie zeigt auch die andere, allerdings wenig beachtete Seite der Medaille auf, die Aufstiegsangst und deren Überwindung. Soziale Patinnen und Paten können – so meine These – nicht nur zum Aufbau von Selbstvertrauen und Selbstwirksamkeit beitragen, sondern gleichzeitig auch zur Überwindung von Aufstiegsangst.

Talent und Fleiß? Nur die eine Seite der Medaille

Unsere Typologie unterstreicht zwar die herausragende Bedeutung von Persönlichkeitsmerkmalen. Doch fast der Hälfte der Befragten fehlte es beim Übertritt ans Gymnasium – den Frauen deutlich häufiger als den Männern – an Selbstsicherheit, also der Summe aus Selbstbewusstsein und Selbstvertrauen. Deshalb war ihr Übertritt bei weitem nicht nur durch positive Gefühle geprägt, sondern auch durch schwierige Erfahrungen, das mangelnde Selbstvertrauen mit enormem Fleiß und Hartnäckigkeit kompensieren zu müssen. Insgesamt entsprechen unsere Teilnehmenden mehrheitlich nicht dem medialen Bild des erfolgreichen Arbeiterkindes, das problemlos aufsteigt. Sie stellen sich eher als Zerrissene dar, die mit der Widersprüchlichkeit ihrer Zugehörigkeitsgefühle umzugehen hatten und dies teilweise auch heute noch so ist.

Weil Lehrkräfte häufig kaum zuverlässige Unterstützung bieten können und solchen Heranwachsenden vorgezeichnete Laufbahnen und soziale Modelle fehlen, spielen Mentorinnen und Mentoren eine herausragende Rolle beim Übertritt ans Gymnasium.

Als soziale Paten können sie mittels Motivierung und stärkendem Feedback jene Funktionen übernehmen, die herkunftsbedingt oft nicht vorhanden ist. So können Jugendliche eher die ihnen in den Weg gestellten Hürden überwinden – analog dazu, wie dies Eltern mit einem Hochschulabschluss für ihren Nachwuchs tun. Deshalb muss sich unsere Gesellschaft genauso für die angemessensten Bildungslaufbahnen von begabten Kindern aus Nicht-Akademikerfamilien einsetzen.

Anspruchsvolle Lotsenfunktion

Soziale Patinnen und Paten sind keine Lückenbüßer oder *nice-to-have*-Personen. Vielmehr sollen sie den jungen Menschen aufzeigen, wie sie ihre Selbstwirksamkeitsüberzeugungen verändern können, definiert als Vertrauen, eine Aufgabe mit Zuversicht gut erledigen zu können. Um Arbeiterkinder in dieser Entwicklung zu unterstützen, brauchen ihre sozialen Paten viel Feinfühligkeit. Keinesfalls geht es darum, sie lediglich verbal zu loben. Genauso wesentlich ist es, ihnen Zeit zu geben und sie zu begleiten, damit sie eigene Ziele finden, die auch erreichbar sind. Dazu gehört, ihnen deutlich zu machen, sich nicht schuldig fühlen zu müssen, wenn ihre Eltern das Gymnasium ablehnen. Diese Problematik ist zu weiten Teilen eine typische Problemstellung sozialer Aufstiegsmobilität. Sie kann für Heranwachsende immens befreiend sein.

Soziale Patinnen und Paten haben daher eine zentrale Lotsenfunktion. Sie kompensieren die Unzulänglichkeiten des schwer zu durchschauenden Bildungssystems mit Beratung und Motivierung der Jugendlichen, auf ihrem Pfad zu bleiben. Anhand eigener Erfahrungen können sie ihnen aufzeigen, wie dies gelingen kann. Dadurch animieren sie Arbeiterkinder auch dazu, Denk- und Handlungsoptionen in den Blick zu nehmen, die sie bis anhin nicht kannten. Solche neuen Optionen sind wichtig im Umgang mit Krisen, die im Bildungsprozess entstehen. Wenn Aufsteigerinnen und Aufsteiger erkennen, dass es verschiedene Wege zum Erfolg gibt und dass sie auch schwierig sein können, sind die zu überwindenden Hürden plötzlich kein biografisches Ungenügen mehr, sondern vor allem eine Herausforderung mit abschätzbaren Nebenfolgen.

Signifikante Andere für die Überwindung von Aufstiegsangst

Es gibt Geschichten über Menschen mit Tellerwäscher-Karrieren, die als große Modelle medial enorm vermarktet werden. Doch auch wenn sie so wirken, als seien sie in der Welt der Erfolgreichen vollkommen angekommen, dürfte dies eher die Ausnahme als die Regel sein. Manche Untersuchung belegt, dass Bildungsaufstiege vielfach zu Gefühlen von Fremdheit und Aufstiegsangst führen. Auch in unserer Studie berichten viele der Befragten über Ängste, den eingeschlagenen Weg nicht zu schaffen. Für sie war der Weg harzig, einen Habitus zu entwickeln, der nicht lediglich den Erwartungen der gebildeten gut Situierten, sondern ebenso der eigenen Entwicklungsgeschichte entspricht. Milena formuliert dies so:

>»Es gibt Risiken und Nebenwirkungen beim Aufstieg – ich könnte auch sagen, dass ich nicht nur gewonnen, sondern auch etwas verloren habe. Die Angst, nicht anzukommen, habe ich immer noch teilweise. Aber ich habe viel Unterstützung von meiner Tante erhalten, die diesen Weg auch gegangen ist«. Milena (39, Wissenschaftsjournalistin)

Inwiefern Aufstiegsangst zumindest teilweise überwunden werden kann, hängt somit auch mit dem Umstand zusammen, ob zum richtigen Zeitpunkt signifikante Andere ins Leben der Jugendlichen treten. Unsere beiden Fallbeispiele Michaele (Kapitel 9) oder Peter (Einleitung) verdeutlichen die wichtige Rolle, die ihre sozialen Paten bei der Überwindung der Aufstiegsangst spielten. Bei Michaele war es die Tagesmutter, bei Peter der Leiter der Jungscharabteilung. Beide waren wichtige Bezugspersonen oder fast Ersatz-Elternteil.

Das Mentoratssystem ist ein wirksames Instrument, wenn es darum geht, die Potenziale von begabten Arbeiterkindern zu entdecken, sie auf dem Weg ans Gymnasium zu unterstützen und ihnen zu fairen Chancen zu verhelfen. Veränderungen können im Hier und Jetzt erreicht werden. Wer sich an einem solchen Verständnis von Chancengerechtigkeit orientiert, bekennt sich dazu, dass soziale Selektivität kein unabänderliches Schicksal ist und Neigungen sowie Fähigkeiten den Ausschlag zur Bildungs- und Berufswahl geben müssen und nicht die Herkunft oder familiäre Förderressourcen. Das Gymnasium muss eine Bildungsinstitution für intellektuell begabte junge Menschen jeglichen Milieus werden. Dies zu bewerkstelligen ist eine der großen bildungspolitischen Herausforderungen der Zukunft.

Literatur

Alheit, P. (2005). Passungsprobleme: Zur Diskrepanz von Institution und Biographie – Am Beispiel des Übergangs sogenannter »nicht traditioneller« Studenten ins Universitätssystem. In H. Arnold, L. Böhnisch. & W. Schröer (Hrsg.), *Sozialpädagogische Beschäftigungsförderung. Lebensbewältigung und Kompetenzentwicklung im Jugend- und jungen Erwachsenenalter* (S. 159–172). Weinheim: Juventa.

Aumaier, B. & Theissl, B. (2023). *Klassenreise. Wie die soziale Herkunft unser Leben prägt.* Wien: ÖGB.

Bachsleitner, A., Lämmchen, R. & Maaz, K. (Hrsg.) (2022). *Soziale Ungleichheit des Bildungserwerbs von der Vorschule bis zur Hochschule. Eine Forschungssynthese zwei Jahrzehnte nach PISA.* Münster: Waxmann.

Badawia, T. (2002). *Der dritte Stuhl – Eine Grounded-Theory-Studie zum kreativen Umgang bildungserfolgreicher Immigrantenjugendlicher mit kultureller Differenz.* Frankfurt a. M.: IKO-Verlag.

Baumert, J. (2011). *Empfehlungen für bildungspolitische Weichenstellungen in der Perspektive auf das Jahr 2020.* Berlin: Max-Planck-Institut für Bildungsforschung.

Beck, U. (1989). *Die Risikogesellschaft. Auf dem Weg in eine andere Moderne.* Frankfurt a. M.: Suhrkamp.

Becker, R. & Hecken, A. E. (2008). Warum werden Arbeiterkinder vom Studium an Universitäten abgelenkt? *Kölner Zeitschrift für Soziologie und Sozialpsychologie*, 60, 1, 3–29.

Becker, R. & Schoch, J. (2018). *Soziale Selektivität. Expertenbericht im Auftrag des Schweizerischen Wissenschaftsrates SWR.* Bern: Eidgenössisches Departement für Wirtschaft, Bildung und Forschung WBF.

Becker, R. (2006). Dauerhafte Bildungsungleichheiten als unerwartete Folge der Bildungsexpansion? In A. Hadjar & R. Becker (Hrsg.), *Die Bildungsexpansion – erwartete und unerwartete Folgen* (S. 27–71). Wiesbaden: Springer VS.

Becker, R. (2016). Soziale Ungleichheit von Bildungschancen und Chancengleichheit. In R. Becker & W. Lauterbach (Hrsg.), *Bildung als Privileg? Erklärungen und Befunde zu den Ursachen der Bildungsungleichheit* (S. 161–194). Wiesbaden: VS Verlag für Sozialwissenschaften.

Behrensen B. & Westphal, M. (2009). *Beruflich erfolgreiche Migrantinnen. Rekonstruktion ihrer Wege und Handlungsstrategien. Expertise im Rahmen des Nationalen Integrationsplans im Auftrag des Bundesamts für Migration und Flüchtlinge* (BAMF). https://www.imis.uni-osnabrueck.de/fileadmin/4_Publikationen/PDFs/imis35.pdf (Abfrage: am 01.02.2024).

Behrmann, L. (2021). Biographische Erfahrungen und soziale Einbettung. Wie werden Lehrer:innen zu Aufstiegshelfer:innen? *Zeitschrift für Biografieforschung*, 1, 92–114.

Berkowitz, M. & Stern, E. (2018). Which cognitive abilities make the difference? Predicting academic achievements in advanced STEM studies. *Journal of Intelligence*, 6, (o. S.).

Betz, T. & Damm, Y. (2022). Beziehungsarbeit und Habitussensibilität. Die Perspektiven von Jugendlichen in benachteiligenden Lebenslagen und erwachsenen Vertrauenspersonen auf ihre Beziehung. In T. Betz, Meyer-Hamme, A. & A.-C. Halle (Hrsg.), *Soziale Ungleichheit und die Rolle sozialer Beziehungen in der (Ganztags-)Schule. Kein Thema für die Fortbildung?* (S. 14–25). Gütersloh: Bertelsmann Stiftung.

Betz, T. (2008). *Ungleiche Kindheiten. Theoretische und empirische Analysen zur Sozialberichterstattung über Kinder.* Weinheim und Basel: Beltz.

Betz, T. (2010). Kompensation ungleicher Startchancen. Erwartungen an institutionalisierte Bildung, Betreuung und Erziehung für Kinder im Vorschulalter. In P. Cloos & B. Karner (Hrsg.), *Erziehung und Bildung von Kindern als gemeinsames Projekt. Zum Verhältnis familialer Erziehung und öffentlicher Kinderbetreuung* (S. 113–134). Hohengehren: Schneider.

Betz, T. (2015). Ungleichheitsbezogene Bildungsforschung – Lehrkräfte im Fokus. *Zeitschrift für Soziologie der Erziehung und Sozialisation*, 35, 4, 339–343.

Betz, T. (2022). Wie soziale Ungleichheit durch Schule verfestigt wird. In T. Betz, A. Meyer-Hamme & A.-C. Halle (Hrsg.), *Soziale Ungleichheit und die Rolle sozialer Beziehungen in der (Ganztags-)Schule. Kein Thema für die Fortbildung?* (S. 7–13). Gütersloh : Bertelsmann Stiftung.

Betz, T., Bischoff-Pabst, S., Einicke, N. & Menze B. (2019). *Kinder zwischen Chancen und Barrieren Zusammenarbeit zwischen Kita und Familie: Perspektiven und Herausforderungen. Forschungsbericht 1*. Gütersloh: Bertelsmann Stiftung.

Blossfeld, H. P., Buchholz, S., Skopek, J. & Triventi, M. (2017). *Models of secondary education and social inequality. An international comparison.* eduLIFE Lifelong Learning series. Cheltenham / Northampton: Edward Elgar.

Blossfeld, H.-P., Blossfeld, P. N & Blossfeld, G. (2019). Soziale Ungleichheiten und Bildungsentscheidungen im Lebensverlauf: Die Perspektive der Bildungssoziologie. *Journal for Educational Research online*, 11, 1, 16–30.

Böhnisch, L. (1994). *Gespaltene Normalität. Lebensbewältigung und Sozialpädagogik an den Grenzen der Wohlfahrtsgesellschaft.* Weinheim und München: Juventa.

Bohnsack, R. (2003). Differenzerfahrungen der Identität und des Habitus. Eine empirische Untersuchung auf der Basis der dokumentarischen Methode. In B. Liebsch, & J. Straub (Hrsg.), *Lebensformen im Widerstreit. Integrations- und Identitätskonflikte in pluralen Gesellschaften* (S. 136–160). Frankfurt a. M.: Campus.

Boos-Nünning, U. & Karakaşoğlu, Y. (2005). *Viele Welten leben. Lebenslagen von Mädchen und jungen Frauen mit griechischem, italienischem, jugoslawischem und türkischem Aussiedlerhintergrund.* Münster: Waxmann.

Bos, W., Tarelli, I., Bremerich-Vos, A. & Schwippert, K. (Hrsg.). (2012). *IGLU 2011 – Lesekompetenzen von Grundschulkindern in Deutschland im internationalen Vergleich.* Münster: Waxmann.

Böttcher, W., Brockmann, L. Hack, C. & Luig, C. (Hrsg.) (2022). *Chancenungleichheit: geplant, organisiert, rechtlich kodifiziert.* Münster: Waxmann.

Boudon, R. (1974). *Education, opportunity, and social inequality.* New York: Wiley.

Bourdieu, P. & Passeron, J.-C. (1971). *Die Illusion der Chancengleichheit. Untersuchungen zur Soziologie des Bildungswesens am Beispiel Frankreichs.* Stuttgart: Klett.

Bourdieu, P. (1987). *Die feinen Unterschiede. Kritik der gesellschaftlichen Urteilskraft.* Frankfurt a. M.: Suhrkamp.

Bourdieu, P. (2001). *Wie die Kultur zum Bauern kommt. Über Bildung, Klassen und Erziehung.* Schriften zu Politik & Kultur 4. Hamburg: VSA.

Bourdieu, P. (2002). *Ein soziologischer Selbstversuch.* Frankfurt a. M.: Suhrkamp.

Bourdieu, P. (2014). *Über den Staat. Vorlesungen am Collège de France 1989–1992.* Berlin: Suhrkamp.

Bowles, R. (Hrsg.) (1984). *Strategies for women's studies in the 80s.* Vol. 7. Oxford: Pergamon Press.

Bremer, H. & Lange-Vester, A. (2014). *Soziale Milieus und Wandel der Sozialstruktur: Die gesellschaftlichen Herausforderungen und die Strategien der sozialen Gruppen.* Wiesbaden: Springer VS.

Brendel, S. (1998). *Arbeitertöchter beißen sich durch. Bildungsbiographien und Sozialisationsbedingungen junger Frauen aus der Arbeiterschicht.* Weinheim und München: Juventa.

Brome, F. (2012). Sozialer Aufstieg und Wissenschaftskarriere. Signifikante und autoritative Andere als Initiator:innen von Bildungs- und Aufstiegsmobilität. *Zeitschrift für Biografieforschung*, 1, 70–91.

Bublitz, H. (1980). *»Ich gehörte irgendwie so nirgends hin.« Arbeitertöchter an der Hochschule.* Giessen: Focus.

Buchmann, M., & Kriesi, I. (2012). Welche Rolle spielt das Geschlecht für den Schuleintritt und die Schulleistungen im mittleren Primarschulalter? In S. Buss, S. Sandring, A. Schippling, E. Schneier & S. Siebholz (Hrsg.), *Prozesse sozialer Ungleichheit* (S. 29–41). Wiesbaden: Springer VS.

Büchner, P. & Brake, A. (2006) (Hrsg.). *Bildungsort Familie. Transmission von Bildung und Kultur im Alltag von Mehrgenerationenfamilien.* Wiesbaden: VS Fachverlag.

Bude, H. (2011). *Bildungspanik. Was unsere Gesellschaft spaltet*. München: Hanser.

Bude, H. (2014). *Gesellschaft der Angst*. Hamburg: Hamburger Edition.

Bühler-Niederberger, D. (2006). Der Blick auf das Kind. Sozialisationsforschung, Kindheitssoziologie und die Frage nach der gesellschaftlich-generationalen Ordnung. In S. Andresen & I. Diehm (Hrsg.) (2006). *Kinder, Kindheiten, Konstruktionen. Erziehungswissenschaftliche Perspektiven und sozialpädagogische Verortungen* (S. 25–53). Wiesbaden: VS Verlag für Sozialwissenschaften.

Butterwegge, C. (2018). *Krise und Zukunft des Sozialstaats*. Wiesbaden: VS Verlag für Sozialwissenschaften.

Castel, R. (2005). *Die Stärkung des Sozialen*. Hamburg: Hamburger Edition.

Cloos & B. Karner (Hrsg.), *Erziehung und Bildung von Kindern als gemeinsames Projekt. Zum Verhältnis familialer Erziehung und öffentlicher Kinderbetreuung* (S. 113–134). Baltmannsweiler Hohengehren: Schneider.

Coleman, J. S. (1988). Social capital and the creation of human capital. *American Journal of Sociology*, 94, Supplement, 95–120.

Coleman, J. S., Campbell, E. Q., Hobson, C. J., McPartland et al. (1966). *Equality of educational opportunity*. Washington: U. S. Government Printing Office.

Dahrendorf, R. (1965a). *Arbeiterkinder an deutschen Universitäten*. Tübingen: Mohr & Siebeck.

Dahrendorf, R. (1965b). *Bildung ist Bürgerrecht. Plädoyer für eine aktive Bildungspolitik*. Hamburg: Nannen.

Ditton, H. (2010). Der Beitrag von Schule und Lehrern zur Reproduktion von Bildungsungleichheit. In R. Becker & W. Lauterbach (Hrsg.), *Bildung als Privileg. Erklärungen und Befunde zu den Ursachen der Bildungsungleichheit* (S. 247–275). Wiesbaden.

Dlabac, O., Amrhein, A. & Hug, F. (2021). *Durchmischung in städtischen Schulen – eine politische Aufgabe? Optimierte schulische Einzugsgebiete für Schweizer Städte*. Studienbericht Nr. 17. Aarau: Zentrum für Demokratie.

Duckworth, A. (2016). *Grit – Die neue Formel zum Erfolg*. Gütersloh: Bertelsmann.

El-Mafaalani, A. (2012). *BildungsaufsteigerInnen aus benachteiligten Milieus. Habitustransformation und soziale Mobilität bei Einheimischen und Türkeistämmigen*. Wiesbaden: VS Fachverlag.

El-Mafaalani, A. (2014). *Vom Arbeiterkind zum Akademiker. Über die Mühen des Aufstiegs durch Bildung*. Berlin: Konrad Adenauer Stiftung. http://www.kas.de/wf/doc/kas_36606-544-1-30.pdf (Abfrage: am 24.04.2024)

El-Mafaalani, A. (2015). *Bildungsaufstieg – (K)eine Frage von Leistung allein?* Bonn: Bundeszentrale für politische Bildung (bpb). https://www.bpb.de/themen/bildung/dossier-bildung/205371/bildungsaufstieg-k-eine-frage-von-leistung-allein/ (Abfrage: am 23.02.2024).

Eribon, D. (2016). *Rückkehr nach Reims*. Berlin: Suhrkamp.

Ernaux, A. (1988). *Das bessere Leben*. Frankfurt a. M.: Fischer.

Ernaux, A. (2020). *Die Scham*. Bibliothek Suhrkamp.

Farrokhzad, S. (2008). Von unterschätzten Potenzialen – bildungserfolgreiche Frauen mit Migrationshintergrund auf dem Arbeitsmarkt. *Migration und soziale Arbeit*, 3, 4, 214–221.

Fend, H. (2014). Bildungslaufbahnen von Generationen: Befunde der LifE-Studie zur Interaktion von Elternhaus und Schule. *Zeitschrift für Erziehungswissenschaft*, 17, 37–72.

Francis, B., Skelton, C. & Read, B. (2012). *The identities and practices of high achieving. Negotiating achievement and peer cultures*. London: Continuum.

Furedi, F. (2008). *Paranoid parenting*. Wiltshire, UK: Cromwell Press.

Möller, C., Gamper, M., Reuter, J. & Blome, F. (2021). Vom Arbeiterkind zur Professur. Gesellschaftliche Relevanz, empirische Befunde und die Bedeutung biographischer Reflexionen. In J. Reuter, M. Gamper, C. Möller & F. Blome (Hrsg.), *Vom Arbeiterkind zur Professur. Sozialer Aufstieg in der Wissenschaft. Autobiographische Notizen und soziobiographische Analysen* (S. 9–63). Bielefeld: Transcript.

Gazdag, B. A., Bentley, G. R. & Brouer, R. L. (2018). Are all impostors created equal? Exploring gender differences in the impostor phenomenon-performance. *Personality and Individual Differences*, 131, 1, 156–163.

Geißler, R. & Weber-Menges, S. (2010). Bildungsungleichheit – Eine deutsche Altlast. Die bildungssoziologische Perspektive. In H. Barz (Hrsg.), *Handbuch Bildungsfinanzierung* (S. 155–165). Wiesbaden: VS Fachverlag.

Geißler, R. (2014). *Die Sozialstruktur Deutschlands*. Wiesbaden: Springer VS.

Gerhartz-Reither, S. (2017). *Erklärungsmuster für Bildungsaufstieg und Bildungsausstieg. Wie Bildungskarrieren gelingen*. Wiesbaden: Verlag für Sozialwissenschaften.

Gofen, A. (2009). Family capital: How first-generation higher education students break the intergenerational cycle. *Family Relations*, 58, 1, 104–120.

Gomolla, M. & Radtke, F.-O. (2009). *Institutionelle Diskriminierung. Die Herstellung ethnischer Differenz in der Schule*. Wiesbaden: Verlag für Sozialwissenschaften.

Göppel, R. (1999). Bildung als Chance. In G. Opp & M. Fingerle & A. Freytag (Hrsg.), *Was Kinder stärkt. Erziehung zwischen Risiko und Resilienz* (S. 170–190). Basel: Reinhardt.

Grendel, T. (2012). *Bezugsgruppenwechsel und Bildungsaufstieg. Zur Veränderung herkunftsspezifischer Bildungswerte*. Wiesbaden: Springer.

Grgic, M. & Bayer, M. (2015). Eltern und Geschwister als Bildungsressourcen? *Zeitschrift für Familienforschung*, 2, 173–192.

Haas, E. (1999). *Arbeiter- und Akademikerkinder an der Universität – eine geschlechts- und schichtspezifische Analyse*. Frankfurt a. M.: Campus.

Hadjar, A. & Becker, R. (Hrsg.) (2006). *Die Bildungsexpansion. Erwartete und unerwartete Folgen*. Wiesbaden: Verlag für Sozialwissenschaften.

Haeberlin, U. & Niklaus, E. (1978). *Identitätskrisen. Theorie und Anwendung am Beispiel des sozialen Aufstiegs durch Bildung*. Bern und Stuttgart: Haupt.

Hasselhorn, M., Lehmann, M. & Titz, C. 2008). Kindheit und das Verständnis von Aufwachsen. In W. Thole, H.-G. Rossbach, M. Fölling-Albers & R. Tippelt (Hrsg.), Bildung und Kindheit. Pädagogik der Frühen Kindheit in Wissenschaft und Lehre (S. 49–64). Opladen: Budrich.

Hattie, J. (2014). *Lernen sichtbar machen*. Überarbeitete deutschsprachige Ausgabe von »Visible Learning«, besorgt von W. Beywl & K. Zierer. Baltmannsweiler Hohengehren: Schneider.

Heid, H. (2009). Aufstieg durch Bildung? Zu den Paradoxien einer traditionsreichen, bildungspolitischen Parole. *Pädagogische Korrespondenz*, 40, 5–24.

Heid, H. (2012). Der Beitrag des Leistungsprinzips zur Rechtfertigung sozialer Ungleichheit. *Vierteljahresschrift für Heilpädagogik*, 1, 22–34.

Heinemann, R. (2020). Studienentscheidungen habitussensibel begleiten. In A. Lange-Vester & M. Schmidt (Hrsg.), *Herausforderungen in Studium und Lehre* (S. 122–140). Weinheim: Beltz Juventa.

Hofstetter, D. (2017). *Die schulische Selektion als soziale Praxis: Aushandlungen von Bildungsentscheidungen beim Übergang von der Primarschule in die Sekundarstufe I*. Weinheim: Beltz Juventa.

Hoeder, C.-S. (2024). Vom Tellerwäscher zum Tellerwäscher. Die Lüge von der Chancengleichheit. München: hanserblau.

Hopf, W. & Edelstein, B. (2018). *Chancengleichheit zwischen Anspruch und Wirklichkeit*. bpb: Bundeszentrale für politische Bildung. https://www.bpb.de/themen/bildung/dossier-bildung/174634/chancengleichheit-zwischen-anspruch-und-wirklichkeit/ (Abfrage: am 10.05.2024).

Hoya, F. (2011). Unterschiede in der Wahrnehmung positiven und negativen Feedbacks von Mädchen und Jungen im Leseunterricht der Grundschule. Unterrichtswissenschaft, 49, 423–441.

Hradil, S. (2001). *Soziale Ungleichheit in Deutschland*. Opladen: Leske + Budrich.

Huber, S., Günther, P., Schneider, N, Helm, C. et al. (2020). *COVID-19 und aktuelle Herausforderungen in Schule und Bildung. Erste Befunde des Schul-Barometers in Deutschland, Österreich und der Schweiz*. Münster: Waxmann.

Hummrich, M. (2002). *Bildungserfolg und Migration. Biographien junger Frauen in der Einwanderungsgesellschaft*. Opladen.

Ingenkamp, K. H. (Hrsg.) (1976). *Die Fragwürdigkeit der Zensurengebung. Texte und Untersuchungsberichte.* Weinheim und Basel: Beltz.

Jaquet, C. (2018). *Zwischen den Klassen. Über die Nicht-Reproduktion sozialer Macht.* Göttingen: Wallstein.

Kay, K. & Shipman, C. (2014). The confidence gap. *The Atlantic.* https://www.theatlantic.com/magazine/archive/2014/05/the-confidence-gap/359815/ (Abfrage am 20.05.2024).

Käpplinger, B., Miethe, I & Kleber, B. (2019). Fremdheit als grundlegendes Erleben von Bildungsaufsteiger/-innen im Hochschulsystem? *Zeitschrift für Soziologie der Erziehung und Sozialisation*, 39, 3, 296–311.

Karg, I. (2014). Schule als Diskursressource. Prozesse und Effekte der Bewertung urbaner Räume. In B. Busse & I. H. Warnke (Hrsg.), *Place-Making in urbanen Diskursen* (S. 211–230). Berlin: De Gruyter.

Kay, K. & Shipman, C. (2014). The confidence gap. *The Atlantic.* https://www.theatlantic.com/magazine/archive/2014/05/the-confidence-gap/359815/ (Abfrage: am 10.04.2024)

Keller, G. (1858/2002). *Die Leute von Seldwyla. Erzählungen.* Stuttgart: Reclam.

Klinkisch, E.-M. (2022). Soziale Ungleichheit und institutionelle Diskriminierung im postkolonialen Raum. Überlegungen für die berufliche Bildung und (berufs-)pädagogische Professionsverständnisse. *Berufs- und Wirtschaftspädagogik – online.* Ausgabe 42, 1–20. Online: https://www.bwpat.de/ausgabe42/klinkisch_bwpat42.pdf (Abfrage: am 30.05.2024).

Kowalski, M. (2020). *Nähe, Distanz und Anerkennung in pädagogischen Beziehungen.* Wiesbaden: Springer VS.

Kracke, N., Buck, D. & Middendorf, E. (2018). Beteiligung an Hochschulbildung. Chancen(un)gleichheit in Deutschland. DZHW Brief 03. https://www.dzhw.eu/pdf/pub_brief/dzhw-brief_03_2018.pdf (Abfrage: am 25.04.2024).

Kramer, R. T. (2011). *Abschied von Bourdieu? Perspektiven ungleichheitsbezogener Bildungsforschung.* Wiesbaden: VS Verlag für Sozialwissenschaften.

Kramer, R. T., Helsper, W., Thiersch, S. & Ziems, C. (2009). *Selektion und Schulkarriere. Kindliche Orientierungsrahmen beim Übergang in die Sekundarstufe I.* Wiesbaden: VS Verlag für Sozialwissenschaften

Kronig, W. (2007). *Die systematische Zufälligkeit des Bildungserfolgs.* Bern: Haupt.

Kronig, W. (2008). Unstandardisierbar – Normierung zwischen Notwendigkeit und Unmöglichkeit. *Sonderpädagogische Förderung*, 3, 229–238.

Kronig, W. (2010). Glasperlen des Bildungssystems. *Neue Zürcher Zeitung*, 30.06. https://www.nzz.ch/glasperlen_des_bildungssystems-ld.943715. (Abfrage: am 15.05.2024).

Kronig, W. (2015). Schulnoten: Dramatische Verfälschungen. *WOZ – Die Wochenzeitung*, 17.09.

Kustor-Hüttl, B. (2011). *Weibliche Strategien der Resilienz. Bildungserfolg in der Migration.* Frankfurt a. M.: Brandes & Apsel.

Lange Vester, A. (2015). Habitusmuster von Lehrpersonen – auf Distanz zur Kultur der unteren sozialen Klassen. *Zeitschrift für Soziologie der Erziehung und Sozialisation*, 4, 360–376

Langer, R. (2014). Ungewollt unfairer Unterricht. Wie Lehrer/innen im schulischen Arbeitsalltag soziale Ungleichheit reproduzieren, ohne es zu bemerken. *Erziehung und Unterricht*, 166, 301–312.

Lange-Vester, A. & Schmidt, M. (Hrsg.) (2020). *Herausforderungen in Studium und Lehre.* Weinheim: Beltz Juventa.

Lareau, A. & Cox, A. (2011). Social class and the transition to adulthood: Differences in parents' interactions with institutions. In M. Carlson & P. England (Eds.), *Social class and changing families in an unequal America* (pp. 134–164). Stanford: Stanford University Press.

Lareau, A. (2003). *Unequal childhoods.* Berkeley: University of California Press.

Lareau, A. (2015). Cultural knowledge and social inequality. *American Sociological Review*, 80, 1, 1–27.

Leitner, A. & Wroblewski, A. (2019). Soziale Mobilität von Frauen und Männern. Einflussfaktoren und Grenzen der Aufstiegschancen. In H. Bacher, A. Grausgruber, M. Haller et al. (Hrsg.), *Sozialstruktur und Wertewandel in Österreich. Trends 1986–2016* (S. 159–176). Wiesbaden: Springer VS.

Loeber, H. & Scholz, D. &, (2003). Von der Bildungskatastrophe zum PISA-Schock. Zur Kontinuität sozialer Benachteiligung durch das deutsche Bildungssystem. In B. Moschner, H. Kiper & U. Kattmann (Hrsg.), *PISA 2000 als Herausforderung* (S. 241–286). Baltmannsweiler Hohengehren: Schneider.

Lorenz, G., Gentrup, S., Kristen, C. & Stanat, P. (2016). Stereotype bei Lehrkräften? Eine Untersuchung systematisch verzerrter Lehrererwartungen. *Kölner Zeitschrift für Soziologie und Sozialpsychologie*, 68, 1, 89–111.

Louis, É. (2014). *Das Ende von Eddy*. Frankfurt a. M.: Suhrkamp.

Maaz, K. & Daniel, A. (2022). Zwischen Anspruch und Wirklichkeit: Perspektiven und Herausforderungen beim Abbau sozialer Ungleichheiten. In W. Böttcher, L. Brockmann, C. Hack & C. Luig (Hrsg.), *Chancenungleichheit: Geplant, organisiert, rechtlich kodifiziert*. KBBB-Tagungsband (S. 27–47). Münster: Waxmann. Münster: Waxmann.

Maaz, K. & Nagy, G. (2009). Der Übergang von der Grundschule in die weiterführenden Schulen des Sekundarschulsystems: Definition, Spezifikation und Quantifizierung primärer und sekundärer Herkunftseffekte. *Zeitschrift für Erziehungswissenschaft*, Sonderheft 12, 153–182.

Maaz, K., Baumert, J. & Trautwein, U. (2009). Genese sozialer Ungleichheit im institutionellen Kontext der Schule. Wo entsteht und vergrößert sich soziale Ungleichheit? In J. Baumert, K. Maaz & U. Trautwein (Hrsg.), *Bildungsentscheidungen. Zeitschrift für Erziehungswissenschaft*, Sonderheft 12, 11–46.

Maaz, K., Trautwein, U. & Baeriswyl, F. (2011). *Herkunft zensiert. Herkunft zensiert – Leistungsdiagnostik und soziale Ungleichheiten in der Schule*. Berlin: Vodafone Stiftung Deutschland.

Stendhal (Marie-Henri Beyle) (1830/2004). *Rot und Schwarz. Chronik aus dem 19. Jahrhundert*. Hanser: München.

Märtin, D. (2019). *Habitus. Sind Sie bereit für den Sprung nach ganz oben?* Frankfurt und New York: Campus.

Maurer, M. (2015). *Du bleibst, was du bist*. München: Droemer.

McElvany, N., Lorenz, R., Frey, A. et al. (Hrsg.) (2023). *IGLU 2021. Lesekompetenz von Grundschulkindern im internationalen Vergleich und im Trend und über 20 Jahre*. Münster: Waxmann.

Miethe, I. (2017). Der Mythos von der Fremdheit der Bildungsaufsteiger_innen im Hochschulsystem. *Zeitschrift für Pädagogik*, 6, 686–707.

Miethe, I. (2021). »Aber wir finden das doch einfach immer wieder«. Fremdheit und Passungsprobleme von Bildungsaufsteiger*innen als methodisches Problem. *Zeitschrift für Biografieforschung*, 1, 19–41.

Müller, W. & Pollak, R. (2007). Weshalb gibt es so wenige Arbeiterkinder in Deutschlands Universitäten? In R. Becker & W. Lauterbach (Hrsg.), *Bildung als Privileg* (S. 303–342). Wiesbaden: VS Verlag für Sozialwissenschaften.

Neuenschwander, M. & Niederbacher, E. (2014). Elternmerkmale und Leistungsentwicklung beim Übergang in die Sekundarstufe I. *Erziehung und Unterricht*, 7–8, 562–568.

Neuenschwander, M. (2020). Elternarbeit in der Berufsorientierungsphase. In T. Brüggemann & S. Rahn (Hrsg.), *Berufsorientierung: Ein Lehr- und Arbeitsbuch* (S. 291–302). Stuttgart: UTB.

Neuenschwander, M. P., Hänni, S., Makarova, E., & Kaqinari, T. (2022). Hindernisse und Ressourcen eines Bildungsaufstiegs – Eine qualitative Studie mit jungen Erwachsenen mit bildungsfernem Familienhintergrund und/oder Migrationshintergrund. *Schweizerische Zeitschrift für Bildungswissenschaften*, 44, 2, 209–222.

Niederbacher, E., & Neuenschwander, M. P. (2020). Herkunftsbedingte Leistungsdisparitäten: Die Rolle von Selbstwirksamkeitsüberzeugungen und Unterstützungshandlungen von Eltern und Leistungserwartungen von Lehrpersonen. *Zeitschrift für Erziehungswissenschaft*, 23, 739–767.

OECD (2017). *Education at a glance*. OECD Indicators. OECD: Paris.

OECD (2020). *Workforce innovation to foster positive learning environments in Canada*. Paris: OECD.

Ortmann, H. (1971). *Arbeiterfamilie und sozialer Aufstieg . Kritik einer bildungspolitischen Leitvorstellung*. München: Juventa.

Peisert, H. (1967). *Soziale Lage und Bildungschancen in Deutschland.* München: Piper.

Pekrun, R., Murayama, K., Marsh, H. W., Goetz, T. & Frenzel, A. C. (2019). Happy fish in little ponds: Testing a reference group model of achievement and emotion. *Journal of Personality and Social Psychology,* 117, 1, 166–185.

Pfister, A. (2018). *Matura für alle.* Embrach: Aris.

Picht, G. (1964). *Die deutsche Bildungskatastrophe.* Olten: Walter.

Pott, A. (2002). *Ethnizität und Raum im Aufstiegsprozess. Eine Untersuchung zum Bildungsaufstieg in der zweiten türkischen Migrantengeneration.* Opladen: Leske + Budrich.

Raiser, U. (2007). *Erfolgreiche Migranten im deutschen Bildungssystem – es gibt sie doch: Lebensläufe von Bildungsaufsteigern türkischer und griechischer Herkunft.* Münster: Lit.

Reuter, J., Gamper, M., Möller, C. & Blome, F. (Hrsg.) (2020). *Vom Arbeiterkind zur Professur. Sozialer Aufstieg in der Wissenschaft. Autobiographische Notizen und soziobiographische Analysen.* Bielefeld: Transcript.

Rohrmann, S. (2019). *Wenn große Leistungen zu großen Selbstzweifeln führen. Das Hochstapler-Selbstkonzept und seine Auswirkungen.* Göttingen: Hogrefe.

Rolff, H.-G. (1997). *Sozialisation und Auslese durch die Schule.* Weinheim: Juventa.

Rosenthal, R. & Jacobson, L. (1992). *Pygmalion in the classroom: teacher expectation and pupils intellectual development.* New York: Irvington Publishers.

Rosken, A. (2009). *Diversity und Profession. Eine biographisch-narrative Untersuchung im Kontext der Bildungssoziologie.* Wiesbaden: VS Verlag für Sozialwissenschaften.

Sandel, M. (2020). *Vom Ende des Gemeinwohls. Wie die Leistungsgesellschaft unsere Demokratie zerreißt.* Frankfurt a. M.: Fischer.

Sander, T. (Hrsg.) (2014). *Habitussensibilität. Eine neue Anforderung an professionelles Handeln.* Wiesbaden: VS Fachverlag.

Schiek, D. (2021). Die Sozialisationsforschung und das Arbeiterkind. *Zeitschrift für Biografieforschung,* 1, 3–18.

Schindler, S. (2012). *Aufstiegsangst? Eine Studie zur sozialen Ungleichheit im historischen Zeitverlauf.* Düsseldorf: Vodafone Stiftung Deutschland.

Schlüter, A. (1999). *Bildungserfolge: eine Analyse der Wahrnehmungs- und Deutungsmuster und der Mechanismen für Mobilität in Bildungsbiographien.* Opladen: Leske und Budrich.

Schmitt, L. (2010). *Bestellt und nicht abgeholt. Soziale Ungleichheit und Habitus-Struktur-Konflikte im Studium.* Wiesbaden: VS Verlag für Sozialwissenschaften.

Schmitt, M. (2020). »Auf dem Boden bleiben!?« Zum Studium von Bildungsaufsteiger*innen im Spannungsfeld von Sicherheit und Freiheit. In A. Lange-Vester & M. Schmidt (Hrsg.), *Herausforderungen in Studium und Lehre* (S. 156–171). Weinheim: Beltz Juventa.

Sezer, K. & Dağlar, N. (2009). *Die Identifikation der TASD mit Deutschland. Abwanderungsphänomen der TASD beschreiben und verstehen.* Mannheim: GESIS Leibnitz-Institut für Sozialwissenschaften.

Sievers, I., Griese, H. & Schulte, R. (2010). *Bildungserfolgreiche Transmigranten. Eine Studie über Deutsch-Türkische Migrationsbiographien.* Frankfurt a. M.: Brandes Apsel.

Solga, H. (2013). Meritokratie – die moderne Legitimation ungleicher Bildungschancen. In P. A. Berger & H. Kahlert (Hrsg.), *Institutionalisierte Ungleichheiten. Wie das Bildungswesen Chancen blockiert* (S. 19–38). Weinheim: Beltz Juventa.

Solga, H. & Wagner, S. (2016). Die Zurückgelassenen. Die soziale Verarmung der Lernumwelt von Hauptschülerinnen und Hauptschülern. In R. Becker & W. Lauterbach (Hrsg.), *Bildung als Privileg. Erklärungen und Befunde zu den Ursachen der Bildungsungleichheit* (S. 221–25). Wiesbaden: Springer VS.

Solondz, C. (2016). *Wirkung bildungspolitischer Maßnahmen auf das Verhalten der Akteure im Schulsystem.* Dissertation an der Technischen Universität Dresden.

Soremski, R. (2017). *Bildungsaufstiege aus gesamtbiografischer Perspektive Zum Verhältnis lebensweltlicher und institutioneller Bildung im Lebenslauf.* Dissertation zur Erlangung des Doktorgrades der Philosophie im Fachbereich Sozial- und Kulturwissenschaften an der Justus-Liebig-Universität Gießen. (Abfrage: am 21.02.2023).

Spiegler, T. (2015). *Erfolgreiche Bildungsaufstiege. Ressourcen und Bedingungen.* Weinheim: Beltz Juventa.

Stamm, M. (2009). *Begabte Minoritäten.* Wiesbaden: VS Verlag für Sozialwissenschaften.

Stamm, M. (2010). Begabung, Kultur und Schule. Zeitschrift für internationale Bildungsforschung und Entwicklungspädagogik, 1, S. 25–33.

Stamm, M. (2011). Wer hat, dem wird gegeben? Zur Problematik von Matthäuseffekten in Förderprogrammen. *Schweizerische Zeitschrift für Bildungswissenschaften*, 3, 511–532.

Stamm, M. (2013). Frühe Kindheit in Mittelschichtfamilien. In H.-R. Müller, S. Bohne & W. Thole (Hrsg.), *Erziehungswissenschaftliche Grenzgänge. Markierungen und Vermessungen* (S. 301–314). Beiträge zum 23. Kongress der Deutschen Gesellschaft für Erziehungswissenschaft, Opladen: Barbara Budrich.

Stamm, M. (2016a). *Arbeiterkinder an die Hochschulen! Hintergründe ihrer Aufstiegsangst.* Dossier 16/2. Bern: Forschungsinstitut Swiss Education.

Stamm, M. (2016b). *Lasst die Kinder los. Warum entspannte Erziehung lebenstüchtig macht.* München: Piper.

Stamm, M. (2017). Elterninvestitionen und gesellschaftliche Benachteiligung. Eine Black Box der frühkindlichen Bildungsforschung. *Pädagogische Rundschau*, 3/4, 293–304.

Stamm, M. (2018). *Die frühe Ungleichheit von Bildungschancen. Herausforderungen für die Zukunft.* Dossier 18/3. Aarau: Forschungsinstitut Swiss Education.

Stamm, M. (Hrsg.) (2019). Arbeiterkinder und ihre Aufstiegsangst. Probleme und Chancen von jungen Menschen auf dem Weg nach oben. Opladen: Barbara Budrich.

Stamm, M. (2020a). *Die SwissSkills 2018 als Sprungbrett? Teilnehmende, Erfolg, Auswirkungen.* Dossier 20/01. Aarau: Forschungsinstitut Swiss Education.

Stamm, M. (2020b). *Die Buben als Bildungsverlierer? Warum Initiativen in Kita und Kindergarten ansetzen müssen.* Dossier 20/2. Aarau: Forschungsinstitut Swiss Education.

Stamm, M. (2021a). Der fehlende Blick auf begabte Minoritäten. In V. Müller-Oppliger & G. Weigand (Hrsg.), *Handbuch Begabung* (S. 576–587). Weinheim: Beltz.

Stamm, M. (2021b). *Gymnasien und Berufsbildung: Ihre genutzten und ungenutzten Potenziale.* Dossier 21/2. Aarau: Forschungsinstitut Swiss Education.

Stamm, M. (2022). *Angepasst, strebsam, unglücklich: Die Folgen der Hochleistungsgesellschaft für unsere Kinder.* München: Kösel.

Stamm, M. (2024). *Lebenskompetenz schlägt Intelligenz. Was die Konzentration auf Noten ausblendet.* Dossier 24/1. Aarau: Forschungsinstitut Swiss Education.

Stamm, M. & Viehhauser, M. (2007). Begabtenförderung und soziale Herkunft. Gedanken zu den verborgenen Mechanismen ihrer Interaktion. *Zeitschrift für Sozialisation und Soziologie der Erziehung*, 3, 227–242.

Stamm, M. Leumann, S. & Kost, J. (2014). *Erfolgreiche Migranten. Ihr Ausbildungs- und Berufserfolg im Schweizer Berufsbildungssystem.* Münster: Waxmann.

Stern, E. & Neubauer, A. (2013). *Große Unterschiede und ihre Folgen.* München: Deutsche Verlags-Anstalt.

Stern, E. & Hofer, S. (2014). Wer gehört auf das Gymnasium? Intelligenzforschung und Schullaufbahnentscheidungen. In E. L. Wyss (Hrsg.), *Von der Krippe zum Gymnasium. Bildung und Erziehung im 21. Jahrhundert* (S. 41–54). Weinheim: Beltz.

Streeck, U. (1981). Zwischen Drinnen und Draußen: Zur doppelten Orientierung sozialer Aufsteiger. *Zeitschrift für psychosomatische Medizin und Psychoanalyse*, 27, 1, 25–44.

Tepecik, E. (2011). *Bildungserfolge mit Migrationshintergrund. Biographien bildungserfolgreicher MigrantInnen türkischer Herkunft.* Wiesbaden: VS.

Terhart, E. (2022). *Die Rolle von Lehrkräften bei der (Re-)Produktion von Bildungsungerechtigkeit.* bpb: Bundeszentrale für politische Bildung https://www.bpb.de/themen/bildung/dossier-bildung/

341050/die-rolle-von-lehrkraeften-bei-der-re-produktion-von-bildungsungerechtigkeit/ (Abfrage: am 10.05.2024).

Terman, L. M. & Oden, M. H. (1959). *The gifted child group at midlife. Thirty-five years follow-up of the superior child.* Genetic studies of genius, Vol. V, Palo Alto: Stanford University Press.

Theling, G. (1986). *Vielleicht wäre ich als Verkäuferin glücklicher geworden. Arbeitertöchter und Hochschule.* Münster: Westfälisches Dampfboot.

Tomasik, M. J., Oostlander, J., & Moser, U. (2018). *Von der Schule in den Beruf: Wege und Umwege in der nachobligatorischen Ausbildung.* Zürich: Institut für Bildungsevaluation.

Uhlig, J., Solga, H. & Schupp, J. (2009). *Ungleiche Bildungschancen. Welche Rolle spielen Underachievement und Persönlichkeitsstruktur?* Berlin: Deutsches Institut für Wirtschaftsforschung.

Urbatsch, K. (2011). *Ausgebremst. Warum das Recht auf Bildung nicht für alle gilt.* München: Heyne.

Vance, J. D. (2016). *Hillbilly Elegy. A memoir of a family and culture in crisis.* New York: HarperCollins.

Vandenbeld Giles, M. (2014). *Mothering in the age of neoliberalism.* Bradford: Demeter.

Vester, M. (2004). Die sozialen Milieus und die gebremste Bildungsexpansion. *REPORT*, 27, 1, 1–34. https://www.die-bonn.de/doks/vester0401.pdf (Abfrage: am 03.05.2024).

Vester, M. (2009). Sortierung nach Herkunft: Harte und weiche Mechanismen sozialer Selektion im deutschen Bildungssystem. *ZÖSS Discussion Paper*, 16. https://bit.ly/3iWVAsY (Abfrage: am 11.05.2024).

Vester, M. (2018). Die ständische Kanalisierung der Bildungschancen. Bildung und soziale Ungleichheit zwischen Boudon und Bourdieu. In W. Georg (Hrsg.), *Soziale Ungleichheiten im Bildungssystem. Eine empirisch-theoretische Bestandsaufnahme* (S. 13–54). Köln: Herbert von Halem.

Wagner-Diehl, D., Kleber, B. & Kanitz, K. (Hrsg.) (2020). *Bildung, Biografie, Ungleichheit. Beiträge der Biografieforschung zum Verständnis von Bildung und sozialer Ungleichheit.* Opladen: Berlin und Toronto.

Westphal, M. & Kämpfe, K. (Hrsg.) (2017). *Migration, Bildungsaufstieg und Männlichkeit. Passungsdynamiken zwischen Familie, Schule, Peers und Hochschule.* Kassel: kassel university press.

Wiezorek, C. (2005). *Schule, Biografie und Anerkennung. Eine fallbezogene Diskussion der Schule als Sozialisationsinstanz.* Wiesbaden: VS Fachverlag.

Zinnecker, J. & Stecher, L. (2018). Gesellschaftliche Ungleichheit im Spiegel hierarchisch geordneter Bildungsgänge. Die Bedeutung ökonomischen, kulturellen und ethnischen Kapitals der Familie für den Schulbesuch der Kinder. In W. Georg (Hrsg.), *Soziale Ungleichheiten im Bildungssystem. Eine empirisch-theoretische Bestandsaufnahme* (S. 291–308). Köln: Herbert von Halem.